▲客室は全室スイートで全12棟ある。開業当初はクラシックなインテリア（本口絵３枚目上）だったが、スタイリッシュなアフリカンモダンに改装された。

シンギータ　…　ıy Lodge

◉南アフリカ（サ

▼各スイートには、　…　。自然木を取り込んだスタイルは開業当時から変わらない。

▲ゲームドライブにはオープントップのランドローバーで出かける。前方に座るトレッカーとガイドの２人で動物を見つける。

シンギータ　エボニーロッジ　Singita Ebony Lodge

◉南アフリカ（サビサンド）

▼週に数回は、「ボマ」と呼ぶ火を焚き、ランタンを灯して屋外で楽しむ「ブッシュディナー」が開催される。サファリならではのライフスタイルのひとつ。

▲開業当初のスイートは、映画『Out of Africa』の世界観を思わせるクラシックな佇まいだった。2000年頃、著者撮影。

▼パブリックエリアのテラスからは野生動物を見ることもできる。この空間の雰囲気は今も変わらない。2000年頃、著者撮影。

▲グルメティは6つロッジとキャンプから構成される。そのひとつ、Faru Faru Lodgeのインフィニティプールから野生動物を見る。2010年、著者撮影。

シンギータ　グルメティ　Singita Grumeti

◉タンザニア（セレンゲティ大平原）

▼ Sabora Tented Campの客室は豪華なテント。開業時は典型的な「アウト・オブ・アフリカスタイル」のインテリアだった。今はモダンに改装された。2010年、著者撮影。

▲レボンボロッジの客室は戸建てのオールスイートで全 15 棟ある。外観はユーカリの木を使ったすだれのような屋根が特徴的。2006 年頃、著者撮影。

シンギータ　レボンボロッジ、スウェニロッジ

Singita Lebombo Lodge & Sweni Lodge

◉南アフリカ（クルーガー国立公園）

▼レボンボに隣接するスウェニロッジのパブリックエリア。2006 年頃、著者撮影。

▲パブリックスペースの外観。オカバンゴでも有数の野生動物の宝庫、モレミ野生動物保護区に立地する。

モンボ・キャンプ　Mombo Camp

◉ボツワナ（オカバンゴ・デルタ）

▼モンボ・キャンプの客室は、テントスタイルのスイート。2018年にオリジナルのスタイルを保ちつつ、モダンな内装に改装された。

▲世界遺産でもあるオカバンゴ・デルタは、ロケーションによって、陸と水辺のアクティビティが楽しめる。モンボは、アフリカで最も素晴らしいゲームドライブを提供するキャンプとして知られる。2006年頃、著者撮影。

▼モンボ・キャンプのウェルカムメッセージ。2006年頃、著者撮影。

▲ジャオ・キャンプの客室は戸建てのスイート。ハンモックとガゼボのついた広いオープンデッキと広いベッドルームが特徴。

ジャオ・キャンプ　Jao Camp

◉ボツワナ（オカバンゴ・デルタ）

▼ジャオは陸と水辺のアクティビティが両方楽しめる。「モコロ」と呼ばれる伝統の舟での遊覧のほか、ボートサファリもできる。2006年頃、著者撮影。

▲南アフリカのウェスタン・ケープ州にある Bushmans Kloof にて。サファリカーの後部をバーカウンターに見立てることが一般的。2003年頃、著者撮影。

サンダウナー　Sundowner

南部アフリカでは、サファリの途中、夕陽を見ながら一杯嗜むことをこう呼ぶ。安全を確保できる夕陽のポイントに車を停め、レンジャー自らがバーテンダーとなる。

▼ザンビアのサウス・ルアングア国立公園の Mfuwe Lodge にて。2022年、著者撮影。

▲創業者はサーファーで、良い波のくるビーチにリゾートを建てたのがはじまり。ビーチ沿いのNio Beach Club& Poolではランチが楽しめる。2017年、著者撮影。

ニヒ・スンバ　Nihi Sumba

◉インドネシア（スンバ島）

▼デュプレックス（2階建て）タイプのワンベッドルームスイートのリビングルーム。4ベッドルームまで、さまざまな客室タイプがある。2017年、著者撮影。

▲独特な外観はスンバ島伝統の建築様式。アメリカの旅行雑誌『トラベル＋レジャー』で2016年、2017年の2年連続でワールド・ベスト・ホテルに選ばれた。2017年、著者撮影。

▲客室は全て海に面している。2021年、著者撮影。

Entô（エントウ）

◉日本（島根県・隠岐諸島）

▲島前の3つの島のひとつ、知夫里島にある隠岐知夫赤壁。滞在中は島前の島巡りがおすすめ。隠岐諸島全体がユネスコ世界ジオパークになっていて、独特な自然景観を堪能できる。2021年、著者撮影。

▶隠岐諸島の島前、中ノ島の海士町にホテルはある。目の前に広がるのは、島前の3つの島を囲むように広がる「島前カルデラ」という独特の地形。2021年、著者撮影。

▲宿は全6棟からなる1棟 貸しスタイル。元料亭の建物を改装したKIN-NAKAのベッドルーム。2020年、著者撮影。

Bed and Craft

◉日本（富山県・南砺市）

▼同じくKIN-NAKAのリビングルーム。2020年、著者撮影。

▲宿のある井波は木彫刻の町として知られる。1棟ごとに地元のアーティストとコラボしていて、KIN-NAKAは木彫刻家の前川大地。井波彫刻の技を駆使したシャンデリアは圧巻だ。「職人に弟子入りできる宿」がコンセプトで、本格的なワークショップに参加したり、作品を購入したりできる。2020年、著者撮影。

▲南極大陸内陸部にあるホワイト・デザートの宿泊棟。

ホワイト・デザート　White Desert

◉南極大陸

▼客室。ホワイト・デザートは南極大陸に３つの宿泊拠点がある。

世界の富裕層は旅に何を求めているか

「体験」が拓《ひら》くラグジュアリー観光

山口由美

光文社新書

プロローグ
「体験」を求めて旅をする富裕層

多様化する「ラグジュアリートラベル」

「ラグジュアリートラベル」というと、どんな旅を連想するだろうか。

シャンデリアの輝く豪華な都市ホテルで、ドレスアップした人たちがシャンパン片手に山海の珍味を集めたご馳走に舌鼓《つづみ》を打つイメージだろうか。

もちろん今も、そうしたスタイルの旅がラグジュアリートラベルのひとつであることは事実である。だが、現代のラグジュアリートラベルのスタイルは多様化し進化している。

私自身が最初に変化に気づいたのは、2000年代初頭に南アフリカの「シンギータ」というサファリロッジの取材に行った時のことだった。

現在は南アフリカのほか、ジンバブエ、タンザニア、ルワンダなどにロッジを展開しているラグジュアリーサファリロッジのリーディングカンパニーのひとつだが、1993年の開

2000年頃のシンギータ・エボニーロッジ。著者撮影

業から間もなかった当時は、南アフリカのクルーガー国立公園エリアに2軒しかなかった。

私が訪れたのは、そのひとつ、シンギータ・エボニーロッジである。

全てが衝撃的だった。

アクセスはチャーターの小型機。ヨハネスブルグの空港で、パイロットだという青年は、笑顔でこう挨拶した。

「ウェルカム・トゥー・ブッシュ」

「ブッシュ（Bush）」とは、「茂み、未開の地」という意味の英語だが、アフリカでは、野生動物が生息しているようなエリアのことを呼ぶ。

野生動物の世界へようこそ、とでもいったところだろうか。

約1時間のフライトで着陸したのは空港ではなかった。

ブッシュを切り拓いた滑走路だけがそこにあった。滑走路だけの空港を「エアストリップ（Airstrip）」と呼ぶ。シンギータのゲスト専用のエアストリップなのだった。

小型機を降りると、屋根のないランドローバーが迎えに来ていた。ドライバーは、滞在中の担当となるレンジャーである。

旅館の仲居さんのように、サファリロッジではゲストに専属の担当者がつく。1人のレンジャーがランドローバーにゆったり座れる定員の6人ほどを担当するのが一般的。レンジャーは担当のゲストをランドローバーに乗せてガイドをする。閑散期には担当する人数がもっと少ないし、追加料金を払えば貸切も可能だ。

ロッジまで約10分。到着するまでの間にもキリンやシマウマに遭遇した。疾走するブッシュは広大な私有地だった。

クルーガー国立公園に隣接するエリアだが、国立公園ではない。一般に「プライベート・ゲームリザーブ（私営動物保護区）」と呼ばれる。国によっても事情は異なるが、ラグジュアリーサファリロッジは自前の私有地を持っていることが多く、南アフリカでは特にその傾向が顕著だ。野生動物に境界は関係ないから、私有地も自由に行き来する。

ウェルカムドリンクと共に案内されたシンギータ・エボニーロッジのパブリックエリアには、見たことのない世界観が広がっていた。

建築は天井の高いログハウスの構造で、オープンエアの広いテラスデッキに出ると、目の前にシカの仲間であるレイヨウ類が姿をあらわした。そこは、まさに大自然の真ん中で、ブッシュを疾走した時と同じ風が吹いていた。ワイルドセージなどの草の香りと野生動物の排泄物など、生物の営みの匂いが渾然《こんぜん》一体となった風だ。

振り返ると、奥のリビングルームにはヨーロッパのラグジュアリーホテルを思わせる絢爛《けんらん》豪奢《ごうしゃ》な空間があった。

リビングルームのソファに座ってチェックインの手続きをする。

まず手渡されたのは、免責同意書のような書類だった。

滞在中、野生動物の危害を受けても自己責任といった内容が記してある。ラフティングやヘリスキーなど、アドベンチャー系アクティビティでは一般的なものだが、宿泊施設で求められるとは。泊まるだけでアドベンチャーなのだった。

それでいながら、ラグジュアリー感も突き抜けていた。

客室は戸建てのヴィラスタイルでオールスイート。天蓋《てんがい》付きのベッドがおかれたベッドルームに贅沢な設《しつら》えのリビングルーム、クラシックなバスタブ付きのバスルームもゆったりと広く、どこを切り取っても絵になった。

カットグラスの容器に入った寝酒のブランデー、大きな双眼鏡に色鉛筆とスケッチブックのセットなど。ライフスタイルを演出するような備品も気が利いていた。

　１９９０年代後半から２０００年代前半は、アジアンリゾートブーム全盛の時代だった。タイのプーケットやインドネシアのバリなどにアマンリゾーツを筆頭とするラグジュアリーリゾートが次々と開業していた。

　だが、シンギータの空間はそのどこよりも贅沢で、自然に溶け込み、わくわくするようなストーリー性に満ちていた。日本人の憧れだったアジアンリゾートが束になってもかなわないと思った瞬間だった。

　滞在中もラグジュアリーの概念を覆《くつがえ》すような出来事が次々とおこった。

　ラグジュアリーリゾートというと、ゲストはプールサイドで気ままにのんびりしている印象があるが、野生動物の生態にあわせ、一日のスケジュールは決められている。

　滞在のハイライトは、早朝から午前と、午後から夕刻、一日2回のゲームドライブ（四輪駆動車でサバンナを走行し野生動物を見るアクティビティ。一般に「サファリ」とはゲームドライブをさすことが多い）。宿泊料金は食事、飲み物からランドリーまで込みのオールインクルーシブで、これらのアクティビティも含まれている。

　朝は夜明け前にモーニングコールがあり、モーニングティーと軽い朝食の後、朝陽が昇るのと同時にゲームドライブに出発する。戻ってきて、ブランチの後一休みして、アフタヌーンティーの後、再び午後のゲームドライブに出かける。

世界中から富裕層のゲストが集まっていたが、ゲームドライブに行かずに寝ているなんて人は誰もいなかった。なぜならサファリの「体験」こそが、シンギータに滞在する最大の目的だからだ。

それ以前に私はケニアとザンビアで国立公園でのサファリを体験していたが、シンギータのゲームドライブは、心なしか1回あたりの時間が長い気がした。

体験が充実するほどラグジュアリーということなのだろう。

ケニアや南アフリカの国立公園では（ザンビアは一部例外だが）、道路を外れて走行してはいけない、日の出前、日の入り後のゲームドライブは禁止、車の外に出てはいけないなどの規則がある。だが、私営動物保護区では、これらに一切縛られない。

国立公園では屋根付き車両が義務づけられていることが多いのに対して、私営動物保護区では屋根無しのランドローバーが主流。視界は抜群、ただし、当然ながら危険が伴う。

だからこそ、免責同意書が必要なのだ。

それでもランドローバーは茂み（まさにブッシュ）をバキバキと枝をかき分けて進み、驚くほど近くまで野生動物に接近する。たとえば、ライオンを望遠レンズを使わなくてもいいような至近距離で見ることができる。ランドローバーはオープントップだから、隔てるものは何もない。手を伸ばせば届きそうな距離にライオンがいるのである。

と言うと強引なイメージがあるが、シンギータのようなラグジュアリーロッジではゲストの数が少ないので、ケニアの国立公園で見られるような、一頭のライオンに車が列をなして渋滞するオーバーツーリズム現象はおこらない。

ナミビアの Damaraland Camp でのサンダウナー。著者撮影

もうひとつの贅沢が「サンダウナー」である。

アフリカでは、日暮れの時刻にあわせて一杯嗜《たしな》むことをこう呼ぶ。眺《なが》めの良さと安全を見計らって、レンジャーがとっておきの夕陽スポットに車を停める。

ランドローバーの車両後部がバーカウンターになり、ワインやスピリッツ、おつまみが並べられる。レンジャーがバーテンダーになり、ちょっとしたカクテルも作ってくれる。

ブッシュの真ん中で、大地に沈むアフリカの夕陽を見ながらのカクテルタイム。自由に車の外に出られる私営動物保護区ならではの体験である。

だが、一杯飲んでトイレに行きたくなっても、ブッシュにトイレはない。車にトイレがあるはずもなく、茂みに入って用を足す、通称「ブッシュトイレ」となる。レンジャーに言うと、野生動物がいないことを見計らって、男女で方角を分けて、しかるべき茂みを指示してくれる。ラグジュアリーロッジであろうと、昔ながらのブッシュのルールなのだ。

それに異を唱《とな》えるゲストもいない。

富士山のように観光客が多くなれば問題なのだろうが、広大な私営動物保護区では、人間の営みも野生動物と同じで自然に還《かえ》るということなのだろう。

シンギータの体験は、まさに衝撃的だった。

海外旅行やホテルの業界誌からキャリアをスタートさせた私は、世界のラグジュアリーホテルを取材する機会が多かったが、その一方で、アフリカもこの時、すでに三回目であり、90年代半ば頃から、ご縁があってパプアニューギニアに足繁《しげ》く通うなど、ブッシュトイレしかないような環境にも慣れていた。しかし、それは私個人がたまたま多様なタイプの旅を経験しているということで、一般論として、アドベンチャーな体験とラグジュアリーな世界は相容れないと思い込んでいた。

シンギータは、それを見事に覆してくれたのである。

その後10年余り、私はとりつかれたようにアフリカのラグジュアリーサファリロッジの取材を重ねた。独特の世界観に魅せられたこともあったが、野生動物が相手の体験は毎回が刺激的で、新鮮だったからだ。これほどお金を払うに値するラグジュアリーのかたちはないと直感したのも理由だった。

アジアンリゾートブームを背景に雑誌媒体などが、その次の目的地を探していたことも取材が成立した追い風となった。

シンギータの取材も女性誌の企画で実現したものだった。メキシコを取材し、次いで候補にあがったのがアフリカだった。ルレ・エ・シャトーというフランスを本拠地とする独立系ホテルのコンソーシアムのメンバーにシンギータが入っていたのである。ルレ・エ・シャトーには日本の高級旅館も早くからメンバーに入っていたが、しばしばエキゾティシズムの両極として、サファリロッジと並べて紹介されていた。

シンギータがそうであったように、アフリカならではの建築やインテリアはどこも魅力的だったし、遠隔地であることを考えれば充分に美味しい食事が提供され、気が利く訳ではないけれど、ゲストの望みを実現しようと一生懸命なアフリカンホスピタリティにはいつも心がほだされた。

しかし、何といってもラグジュアリーサファリロッジの面白さは、スタッフもゲストも、野生動物を見るという唯一無二の体験を何にも勝って重視しているところだった。

たとえば、ロッジを紹介する写真をと、リクエストすると、彼らは決まって客室や料理の写真などには目もくれず、チーターやレパード、ゾウやライオンといった野生動物の写真ばかりを送ってくれるのである。

「コンフォートゾーンの外」のラグジュアリー

そして今、シンギータの衝撃は、ラグジュアリーツーリズムにおける重要なニーズのひとつとして位置づけられるようになった。

デロイトのラグジュアリーツーリズムに関するリポートによれば、ラグジュアリー観光で求められるものとして「美しくくつろげる環境」「パーソナライズされたサービス」「人生で一度の経験」といった項目に加えて、「スリルの探求」「コンフォートゾーンの外」での体験があると指摘している（Deloitte〝The Future of Luxury Travel〟, 2023）。

「スリルの探求」と「コンフォートゾーンの外」での体験。

まさにこれだ。

シンギータの体験には、確実にその要素が含まれていた。

チェックイン時に免責同意書にサインすることで、ゲストはギリギリのラインまで野生に近づく。安全を度外視するのではない、しかし、ゼロリスクは求めないことで「人生で一度の体験」としての「スリルの探求」をする。ブッシュトイレは快適ではないけれど、それも体験として受け入れる。「コンフォートゾーン」の外にこそ、本当に面白い世界がある。それこそがラグジュアリーという考え方である。

たとえば、ボツワナのオカバンゴ・デルタという野生動物の楽園にあるラグジュアリーサファリロッジでのディナーのシーンが私は忘れられない。

屋外に設えられたテーブルには、クラシックなキャンドルが灯され、しかし、そこはアフリカの湿原の真ん中なので、大量の蚊がキャンドルに群がっていた。

真っ白なテーブルクロスに蚊がボトボトと落ちる。

さらに、そのいくつかは、食卓のスープの中にも落下する。だが、テーブルについた人たちは、何事もなかったようにスプーンで蚊を掬《すく》い出し、残りのスープを口に運ぶ。

おそらくはオカバンゴ・デルタのリピーターなのであろう、品の良いカップルの優雅な仕《し》草《ぐさ》に他の人たちも引き込まれるように後に続いていた記憶がある。ここで虫のことをとやかく言うのは、テーブルマナーに反するような空気が場を支配していた。

だって、ここはブッシュなのだから。

私たちはオカバンゴ・デルタという特別な場所で、特別な夜を共有している。その体験のためには、虫なんて二の次なのである。

その土地にしかない自然や文化を求めて、唯一無二の特別な体験を求める旅のかたち。そのためには、多少の身体的な快適性が損なわれても厭《いと》わない。こうしたラグジュアリートラベルの新たなスタイルは、気がつけば、世界の富裕層旅行市場における、ひとつの大きな潮流になっていた。

これこそがラグジュアリーエコツーリズムである。

では、エコツーリズムとは何か。

さまざまな定義があるが、日本エコツーリズム協会は「自然・歴史・文化など地域固有の資源を生かした観光」「観光によってそれらの資源が損なわれることがないよう、適切な管理に基づく保護・保全をはかる」「地域資源の健全な存続による地域経済への波及効果が実現する」の3項目をあげている。

ラグジュアリーエコツーリズムとは、費用がかかることを厭わず、ベストなかたちでこれらを実現する旅のかたちということになるだろうか。

しかし、日本にその潮流が来ることはなく、市場は形成されなかった。

雑誌でアフリカのサファリロッジを紹介しても、日本人富裕層のほとんどは同じ金額を払うのならば、ヨーロッパのラグジュアリーホテルを好んだ。私が提供した情報は、目新しさはあっても一過性のものととらえられたのだろう。

多くの日本人は「スリルの探求」や「コンフォートゾーンの外」にラグジュアリーの本質を見出《みいだ》すことができなかったのだと思う。

それでも私自身は、ラグジュアリーエコツーリズムの取材を続けていた。

最も興味深く、魅力的な旅のかたちだと信じて疑わなかったからだ。

注目すべき取材対象というだけでなく、個人的に唯一無二の体験こそがお金を払って惜しくないものだと思っていたし、宝くじがあたったなら行ってみたいと思う先は、どれもラグジュアリーエコツーリズムの目的地だった。

そして何より、世界のラグジュアリートラベルの本流として、唯一無二の体験を求める旅行のスタイルは、私が追いつけないほど、加速度的に進化していった。

コロナ禍収束以後、インバウンド需要が劇的に回復している。だが、そのことがオーバーツーリズムという新たな問題を生んでいる。

その状況を解決し、日本の観光業を成長させる糸口のひとつが、ラグジュアリーエコツーリズムにあるのではないかと私は思っている。

第一に、そもそもラグジュアリートラベラーは1人で多くの金額を消費するから、訪問者数を抑えながら、充分な収入を得ることができる。つまり環境にやさしく、オーバーツーリズムを回避できる。

その上で、ラグジュアリーエコツーリズムのフィールドは大都市や有名観光地ではないことがあげられる。彼らが求める特別な体験を提供するのは、主に地方の小さな市町村や自然豊かなエリアである。この点においても、大都市や人気観光地に観光客が集中するオーバーツーリズムを打開できる。

カギとなるのは、いかに唯一無二の「体験」を提供できるかである。

アフリカのサファリの事例をあげたが、ライオンやゾウがいなければ、ラグジュアリーエコツーリズムが成り立たない訳ではない。だが、そうした体験に意味があるという価値観が理解できなければ、ラグジュアリーエコツーリズムは造成できない。

ラグジュアリーツーリズム自体は、成長の見込める観光業として世界的に注目が高まっている。先にあげたデロイトのリポートによれば、2021年のラグジュアリー観光の市場規模は6380億米ドル(約93兆円。以下、米ドルについて本書では1ドル146円換算で表記)。2030年までの年間成長率は7・6%という予測もある。

日本ではJNTO(日本政府観光局)が日本のラグジュアリー観光、すなわち富裕層旅行の市場規模と概要をまとめている。

富裕層旅行の定義については、明確な線引きはないのだが、JNTOでは1人あたり1回に消費する旅行金額が100万円以上としている。

市場規模としては、富裕層旅行者の多い国として、アメリカ、イギリス、ドイツ、フランス、オーストラリアの数字から試算している。これらの国々で海外旅行をしている人は年間に3億4100万人。そのうち100万円以上を消費する富裕層旅行者は約1%の340万人。全体の消費額は35・8兆円で、うち富裕層旅行者の消費額は4・7兆円。全体の約1%でしかない富裕層旅行者が、全体の13・1%を消費していることになる。

この数字は、ラグジュアリーツーリズムが、オーバーツーリズムを回避しつつ観光産業を拡大していく切り札であることを物語っている。実際の市場規模は、ほかの国も含まれるので、先にあげたデロイトの数字がより実際に近いだろう。

日本のラグジュアリーツーリズムは、冒頭にあげた昔ながらのスタイルがほとんどを占め、いまだ発展途上にある。

ラグジュアリーエコツーリズムとは何なのか。

実状をリアルに体験してきた視点から、誕生の背景を掘り下げ、日本の観光業の新たな扉を開く可能性について探っていきたい。

世界の富裕層は旅に何を求めているか

「体験」が拓《ひら》くラグジュアリー観光

目次

第一章

裸足のラグジュアリーの誕生

ラグジュアリーツーリズムを変えた「アマン」の登場

ラグジュアリーツーリズムの進化を語る上で、ラグジュアリーホテル、特にラグジュアリーリゾートの変革は重要な意味を持つ。

ホテルの歴史はヨーロッパに始まった。

城や宮殿で王侯貴族によって構成されていた社交界が、市民革命やブルジョワジーの台頭によって、上流階級を構成する人々が幅広くなり、新たな舞台となったのが「グランドホテル」と総称される高級ホテルだった。その結果、ホテルは「宿泊」だけではない、ステータス機能を持ち始めた。それゆえにラグジュアリーホテルにおいては、格式や権威の象徴となる、ヨーロッパスタイルの建築やインテリアが長く重んじられてきた。

それは、ヨーロッパ諸国が主に熱帯地方に拡大した植民地でも同じだった。

熱帯の植民地ホテル、いわゆるコロニアルホテルに多い建築様式、ヴェランダコロニアル様式は現地の気候にあわせて、建物の周囲に風通しのいいヴェランダを設けたものだが、基本はヨーロッパ建築であり、現地の建築様式を取り入れたものではない。

食事も同じだった。

ランチに「ティフィン」と称してカレーを食べることはあったが（「ティフィン」とはカ

レーを入れる弁当箱のこと。これから転じて軽食のことを「ティフィン」と呼んだ。シンガポールのラッフルズホテルのレストラン「ティフィンルーム」の語源である)、基本は西欧料理。熱帯にあっても、ディナーには、ヨーロッパ式の正装でダイニングルームに集い、ヨーロッパ式のマナーにのっとって食事をした。

その後、アメリカ経済の繁栄と共に、アメリカ的なモダニズムの大型ホテルが登場。リゾートにおいても、ハワイやマイアミに出現した高層ビルの大型ホテルが脚光を浴びるようになった。

アマンプリ（『アマン伝説』）

１９８８年、長らくそうした価値観が支配的だったラグジュアリーホテルの世界に新風を吹き込むリゾートがアジアに誕生した。

タイのビーチリゾート、プーケットのパンシービーチという閑静な海岸沿いに開業したアマンプリである。１９９０年代以降、アジアンリゾートブームを牽引《けんいん》することになるアマンリゾーツの最初のホテルだった。

「アマンプリ」とは、サンスクリット語で「平和の場所」を意味する。

東洋的なエキゾティシズムを漂わせた、謎めいた響き。その名前が象徴するように、全てが従来のホテルの常識を覆したものだった。

客室は全40室で、パヴィリオンと呼ぶヴィラスタイル。レセプションもロビーもなく、タイ伝統の建築様式を取り入れたメインパヴィリオンがあるだけ。通称「ブラックプール」と呼ばれた、黒いタイルを敷き詰めたスイミングプールは妖艶な美しさをたたえ、その横に設けられたレストランではイタリア料理とタイ料理を提供した。

個人別荘を開放するかたちで始まったホテルは、一般的な広告宣伝を一切しなかった。限られた層の間での口コミによってだけ、その存在が謎めいて伝えられた。

アマンリゾーツ創業の背景から掘り起こし、アジアンリゾートブームを解き明かしたのが、拙著『アマン伝説 アジアンリゾート誕生秘話』だが、今あらためて振り返ると、アマンリゾーツの斬新さは「小規模」「ローカリズム」「リラックスした自由なライフスタイル」という3つの要素に集約されると思う。いずれも、それまでのラグジュアリーホテルの常識にはなかったことだ。

もともと壮大な城や宮殿の代替であったラグジュアリーホテルには、一定以上の規模とスケール感が必要条件とされてきた。そのため、全40室というこぢんまりとした規模は驚きをもって迎えられた。しかし、小規模だからこそ実現するこまやかなホスピタリティや限られた客層へのマーケティングは、やがてラグジュアリーホテルは小規模であるべきというセオリーにつながり、都市ホテルにも波及していくことになる。

ホテル名から建築様式、食事に至るまで、アジアのローカリズムを取り入れたことも、従来のホテルの伝統からすれば革新だった。日常的に現地のローカルフードを提供することは、それまでのラグジュアリーホテルにはないことだった。

ヨーロッパ式の堅苦しいダイニングやマナーを排したことは結果として、自由でリラックスしたライフスタイルにつながった。

さらにクローズドな口コミによる情報拡散は、かつての階級社会の崩壊とホテルの大型化があいまって、マスマーケットに開放されたラグジュアリー市場から、再び優良な富裕層の顧客を囲い込む手法となった。

アジアンリゾートブームの萌芽

アマンリゾーツがラグジュアリーホテルにもたらした革新とは、新しい「体験」の提供を軸にした新しい価値観と言えるのかもしれない。では、その「体験」とは何なのか。

アマンリゾーツの成り立ちを辿りながら見ていきたい。

革新をおこしたリゾートの創業者はエイドリアン・ゼッカである。

インドネシア生まれ、ジャーナリスト出身のホテリエだった。

当時、アマンプリの開業を最初に日本のメディアで報じたのは、トレンドウォッチャーとしても活躍していた作家の田中康夫だが、彼は「香港のザ・リージェントのシェア・ホルダーであった人物が経営する」と、エイドリアン・ゼッカのことを意味深に記している。

シェアホルダーとは経営に決定権をおよぼす株主のことだ。

1988年と言えば、日本のバブル景気前半にあたる。

ザ・リージェントは1980年から90年代にかけて一世《いっせい》を風靡《ふうび》した、伝説のラグジュアリーホテルだった。

1971年に設立されたリージェントホテルズ・インターナショナルは、もともと東急の五島昇が世界進出をめざして立ち上げた会社である。ハワイのザ・カハラ・ヒルトン（現：ザ・カハラ・ホテル&リゾート）で辣腕《らつわん》をふるっていた総支配人、ロバート・バーンズに声をかけ、東急の名前は出さず、本社も日本におかなかった。だが、まもなく、五島昇とバーンズは袂《たもと》を分かつことになり、その後、シェアホルダーとして加わったのが、バーンズが引き抜いた欧州出身のホテリエ、ジョージ・ラファエルと、マリオットのプロジェクトでホテル業界に台頭し始めていたエイドリアン・ゼッカだった。

そのフラグシップホテルとして1980年、香港に開業したのが、ザ・リージェントである。ホテル名に「香港」をつけず、ブランド名に定冠詞だけをつけたのは、リージェントブランドを体現するホテルとしての自負と矜持《きようじ》だった。プレバブルからポストバブルにかけて、伝説のホテルは日本のラグジュアリートラベラーにも愛された。

ザ・リージェントはその後、インターコンチネンタル香港となり、2023年に再びリージェント香港とリブランドされた。創業時を彷彿《ほうふつ》とさせる華やかなオープニングは、香港を象徴するアイコンの復活として人々を熱狂させた。

そうした一時代を画したホテルにかかわった人物として、田中康夫は謎めいたリゾートの創業者を理解したのだろう。

アマンリゾーツに至るムーブメントの萌芽は、1960～70年代にさかのぼる。舞台となったのはインドネシアのバリ島である。

アマンプリが開業したタイのプーケットと並び称される東南アジアの熱帯リゾートだが、観光地としての歴史はバリのほうが古い。アマンリゾーツの2番目のホテル、アマンダリも

1989年にバリの山間にある芸術村、ウブドに開業している。

もともとエイドリアン・ゼッカはバリに別荘を持っていて、プーケットは、雨季と乾季がバリと逆になることから注目したのだという。

常夏の熱帯にも季節はあり、雨の少ない乾季がリゾートとしてのハイシーズンになる。プーケットの乾季は北半球の冬、一方のバリは北半球の夏が乾季になる。

『アマン伝説』の取材で、最も忘れられない、現代のラグジュアリーツーリズムの価値観を生んだ舞台に遭遇《そうぐう》した場所がバリだった。さらに限定して言うならば、バリのサヌールビーチだった。

それまでも一取材者として、あるいは一観光客として、アマンリゾーツを含むバリには何度も行っていたけれど、この取材を境に私は「扉の向こうにあるバリ」に誘われた。観光客に見えているバリではない、地元の人たちのバリでもない。長年バリに住んでいても、きっかけがなければ決して出会うことのないバリ。そこでおきた出来事こそが、アマンリゾーツの原点であり、アジアンリゾートの源流だった。

サヌールビーチの真ん中、石造りの門の先に古風なバリスタイルのこぢんまりしたリゾートホテルがある。1962年、世界初のトロピカルブティックリゾートとして開業した「タンジュンサリ」だ。

「ブティック」とは、フランス語で、ファッショナブルで高級なアパレルやジュエリーを扱う小規模な店のことをさすが、同じような小規模なホテルを「ブティックホテル」と呼ぶ。

「トロピカルブティックリゾート」とは、後のアマンリゾーツに連なるリゾートのスタイルである。先にあげたハワイやマイアミの大型リゾートホテルの対極にあるイメージだろうか。

その原点がタンジュンサリだったのである。

タンジュンサリ（『アマン伝説』）

バリのビーチリゾートの原点

タンジュンサリとは「花の岬」を意味する。ホテルが立つ場所にもともとあった小さな寺院の名前である。

創業者はウィヤ・ワォルントゥ。

オランダ人の母とインドネシア（当時はオランダ領東インド）・北スラウェシのメナド出身の父との間に、オランダのユトレヒトで生まれた。その後、ジャワ島のスカブミで少年時代を過ごした。スカブミの学校では、エイドリアン・ゼッカの兄、アレンと学

ウィヤ・ウォルントゥ（『アマン伝説』）

校の同級生だった。

つまり、エイドリアンとも同郷だったのである。

ゼッカ家の祖先は1827年にオランダ兵としてジャワ島のバタヴィア（現在のジャカルタ）にやって来たジョセフ・ゼッカにさかのぼる。

ジョセフの娘がスカブミの町長を務めていた中国福建省出身の実業家と結ばれたことがスカブミとの縁となる。以来、一族はオーストリアのボヘミアにルーツを持つゼッカ姓を名乗りつつ、この地に根を下ろした。

ジョセフから数えて三代目がエイドリアンの父である。スカブミを拠点に貿易商として成功し、マレーシア系華僑《かきょう》の名門の娘と結婚。生まれた5人兄弟の次男がアレン、三男がエイドリアンになる。

1953年、アメリカのコロンビア大学への留学を終えたエイドリアンはインドネシアに帰国。同年、イギリス留学を終えたウィヤもイギリス人の妻、ジュディスを伴って帰国した。

独立戦争が終結して数年後、いまだ硝煙の匂いが残るようなジャカルタにはナイトクラブが1軒だけあって、そこで2人はしばしば顔をあわせていたという。

ウィヤは外交官などを相手にアンティークとインテリアを扱う店をジャカルタに開業、エイドリアンはジャーナリストになった。進んだ道は違ったが、植民地の旧宗主国であるヨーロッパのバックグラウンドを持ち、インターナショナルな教育を受けた彼らは、共にインドネシア人とも外国人ともつかない存在として、混沌のジャカルタで若いエネルギーと感性を持て余していたのである。

その2人が、たまたま、時を同じくして訪れたのがバリだった。

ウィヤはアンティークの買い付けを目的に、エイドリアンは通信員として契約したニューヨークタイムズの上司に請われ、通訳として同行した。

エイドリアンはバリとの印象的な出会いを『アマン伝説』で証言している。


〈私が父にバリに行くと告げると、彼は「私の友人のひとりであるジミー・パンディに会ってきなさい」と言った。

「どこに彼は住んでいるのですか」

「知らないよ」と彼は言った。「彼はビーチで暮らす人だから」

そこで私はバリホテルに着いた時、そこは当時、バリで唯一のホテルだったのだが、フロントでパンディを知っているかと聞いたのである。

「もちろんですとも」彼らは言った。「彼はサヌールに住んでいます」

私はたずねた。「それはどこにあるんだい」

「とても遠い」と彼らは言った。そこで私はポニーが引く荷車を手配して、長い道のりの末、ビーチにあるパンディの家に着いたのである。美しい庭のあるすてきな家だった。そして、二つのゲスト用コテージがあった。彼はホテルを経営しているのではなかった。ただそのコテージを、主にジャカルタに住む外交官たちがやって来た時、貸していたのである。彼はすぐに自分のところに滞在するように強く薦めた。素晴らしかった。毎晩、彼はダンスパフォーマンスを家で催してくれたのである。そうして私は、バリと恋に落ちたのだ〉

（「Adrian Zecha on Jimmy Pandy」『tandjung sari : A Magical Door to Bali』）


ジミー・パンディとは何者だったのか。

トーマス・クック旅行会社のガイドとして１９４０年代のバリに住み着いたアートディー

ラーで、インドネシアとオランダの祖先を持ち、英国で教育を受け、流暢な英語を話した。ウィヤとエイドリアンに共通するバックグラウンドを持つ年長の人物だった。

もともとバリの観光は、山間《やまあい》の芸術村であるウブドから始まった。バリ人が「海には魔物がすむ」と信じていたことと、戦前の観光客はもっぱら芸術が目的だったからだ。当時、ウブドにはヴァルター・シュピースというドイツ人画家がいて、訪れる外国人たちの水先案内人役を務めていたことも大きかった。

ビーチエリアではクタとサヌールが早くから注目されていた。だが、第二次世界大戦を経て、混沌の中にあった１９５０年代、１９３６年に創業したクタ・ビーチ・ホテルも廃業していたし、何人かの外国人アーティストが住み着いたサヌールでも、戦後も残ったのはバリダンサーの妻を娶《めと》ったベルギー人画家、ル・メイヨールだけだった。

エイドリアンと同じく、ウィヤもバリに来るたび、妻のジュディスと共にジミー・パンディのコテージに滞在した。

バリ滞在が頻繁《ひんぱん》になったウィヤとジュディスが、いつまでもジミー・パンディのところに厄介になる訳にはいかないと、サヌールビーチで家を建てるために見つけた候補地が「花の岬」と呼ばれた小さな寺院、タンジュンサリだった。

1960年に家族で暮らすための家を建て、2年後に友人たちのために小さなコテージを4つ増築した。この年、1962年がホテルとしてのタンジュンサリの開業になる。サヌールビーチの一等地に建つシンプルなコテージは、やがてジャカルタの外交官たちに評判を呼ぶことになる。

1964年、ウィヤはジュディスと別れて、新しい妻のタティエと結婚した。だが、ジュディスもバリにとどまり、再婚して、生涯ウィヤやワォルントゥ家の家族とも親しくつきあった。

それからまもなく、インドネシアに政変の嵐が吹き荒れる。

きっかけは、1965年9月30日におきた軍事クーデターである。

建国の父、スカルノは失脚。スカルノの支持母体だった共産党勢力に対する逮捕・追放はやがて虐殺へと発展していった。楽園と呼ばれたバリも例外ではなかった。

65年から66年にかけて、ウィヤとタティエは政変の嵐から逃れるように、ヨーロッパに遅ればせのハネムーンに旅立っていった。

インターナショナルな感性と裸足のラグジュアリー

虐殺の嵐が吹き荒れた直後の1966年、タンジュンサリの運命を変える人物がバリにやって来る。オーストラリア人アーティストのドナルド・フレンドだ。

ドナルド・フレンドは、日本ではほとんど知られていないが、オーストラリアでは、絵画や彫刻の芸術家であると同時に『The Diaries of Donald Friend』の作者として知られる。世界各地を巡った体験を綴《つづ》った日記には、アジアンリゾートを巡るいくつものミッシングリンクが秘められていた。『アマン伝説』にとっても運命のキーパーソンだった。

ドナルドと意気投合したウィヤは、その後、バリらしいホテルを経営することにより意識的になっていく。そしてもう1人、クリス・カーライルというシンガポールで外交官をしていた若いイギリス人が彼らに加わる。

インターナショナルな感性でバリを捉えることのできたインドネシア人のウィヤと、アーティストのドナルド、ビジネスのセンスに長《た》けたクリス。3人の個性と感性が共鳴することで、サヌールに次なるプロジェクトが始動した。

まず3人はタンジュンサリの南側に続くビーチ沿いの土地を入手した。

「バトゥジンバ」と呼ばれる土地だった。

彼らは、そこにまず自分たちの家を建てた。その後、彼らの友人や顧客などが別荘を建てるようになる。バトゥジンバは、タンジュンサリに隣接する、特別な人たちが集まる高級別荘地として発展してゆくことになる。

もうひとつ、彼らが手がけたプロジェクトが「マタハリホテル」だった。ホテル用地としたのは、バトゥジンバのさらに南のビーチ沿いである。

ドナルド・フレンドの人脈によって、それぞれのプロジェクトに建築家が招聘《しょうへい》された。バトゥジンバに招かれたのは、スリランカ出身のジェフリー・バワ。熱帯リゾート建築の祖とされる建築家であり、いわゆる「インフィニティプール」の発案者でもある。同性愛者だったドナルドの恋人、ベイビス・バワの弟だった。

マタハリホテルにはオーストラリアからピーター・ミュラー、後にアマンダリを設計することになる建築家がやって来た。オーストラリアの同じニューサウスウェールズ州の出身で、ドナルドとは10年来の知り合いだった。

バトゥジンバは、今もバリで最も高い値で取引される別荘地のひとつだ。

一方、マタハリホテルは、その名前で開業することはなかった。しかし、そのコンセプトは引き継がれて１９７３年開業のバリハイアットとなった。

彼らの出会いから80年代にかけての約15年、タンジュンサリとバトゥジンバには、秘密めいた「扉の向こうにあるバリ」が存在していた。

１９６６年にはサヌールビーチに日本の戦後賠償によりバリ・ビーチ・ホテルが開業していたが、ハワイやマイアミの大型ホテルの系譜である同ホテルへのアンチテーゼが彼らの価値観であり、そこに泊まる観光客には知り得ないバリだった。

当時の空気感を証言してくれたのが、バリハイアットのオープニングチームの一員としてバリにやって来て、タンジュンサリでウィヤの娘のフィオナと出会い、恋に落ちてワォルントゥの一族に加わったアンドレ・プーリィだった。

「一言で言うならば、裸足のラグジュアリーです。裸足のままサロンを巻いて、リラックスして、人生をエンジョイする。朝は遅くまでベッドにいて。毎晩のようにパーティーがありましたから」（『アマン伝説』より）

裸足のラグジュアリー、印象的な言葉だった。

それこそがアマンリゾーツの原型とでもいうべき世界であり、後にアジアンリゾートが提供することになるライフスタイルそのものだった。

タンジュンサリが提供していた「体験」


アンドレ・プーリィもまた「扉の向こうにあるバリ」に住む人だった。

彼の名前を最初に聞いたのは、バリハイアットでのこと。伝説の総支配人だと、若いＰＲ担当の女性たちが教えてくれた。

『アマン伝説』の取材を始めたばかりだった私は、その時、バリハイアットに滞在していた。古参の従業員に昔話を聞いたが、わからないことも多かった。

「アンドレ・プーリィならば何でも知っている。彼は今でもバリに住んでいるけれど、でも、私たちは彼がどこにいるかわからない」

申し訳なさそうに彼女たちは言った。

取材としてタンジュンサリを初めて訪れたのもその時だった。

対応してくれたのは、アヴィ・ワォルントゥという、ウィヤの娘、ウィタの婿だった。タンジュンサリの取材と言いながら、ウィヤ・ワォルントゥのことばかり聞く私に彼はこう告げた。

「私は娘婿で詳しいことはわかりません。もしワォルントゥ家のことが知りたいのだったら、今夜のダンスにいらっしゃいませんか。一族の者が集まります」

サヌールの秘められた扉が開いた瞬間だった。

タンジュンサリでは、毎週金曜日にダンスとディナーの夕べがあった。自ら財団を持って子供たちのレッスンを行っているタンジュンサリのダンスは定評がある。ブッフェのインドネシア料理も絶品だった。

私が1人で座っているテーブルに総支配人のアヴィがやって来たのは、ダンスが終わり、お茶とデザートが運ばれてきたタイミングだった。

「こちらにどうぞ」

案内されたのは、ダンスステージの設けられたレストランから少し離れた、ビーチに面したプールサイドのテーブルだった。

ほの暗い中で談笑している多国籍な顔ぶれがワォルントゥの一族らしかった。

ひときわ存在感を放っていたのは、インドの民族衣装らしき鮮やかなターコイズブルーの服をまとったマダムだった。

もしかして……、自己紹介をかねて話しかけた。

「タティエさんですか」

「ええ、そうですよ」

華やかな笑い声と共に返された。

タティエ・ワォルントゥ。ウィヤの2番目の妻で、タンジュンサリの伝説を築き上げた女性がそこにいた。

もう1人、存在感を放っていたのが大柄な坊主頭の西洋人だった。

ほんの目と鼻の先にあるバリハイアットで、どこにいるかわからない、伝説の人物だと言われたアンドレ・プーリィが、なんとそこにいたのだった。

それは、まさに「扉の向こうにあるバリ」だった。

ちょうどその頃、インターネットを検索していて、当時の様子をさらに的確かつ詳細に記したウェブ記事に巡りあった（以下『アマン伝説』より）。

〈フレンドとワォルントゥとカーライル（彼がここにいた間）は、一五年余りにおよぶあったことも見たこともないようなスタイリッシュなプライベートパーティーの主催者だったのである。一九六八年から八〇年代中頃まで、部下や取り巻きを引き連れた裕福な者、有名な者、美しい者、才能ある者が、そして東南アジアの内部事情に通じた者たちが、サヌールに大勢押し寄せた。ここでは彼らは、パパラッチの覗き見から離れて、バトゥジンバという魔法の庭でベッドとプールを行き来し、タンジュンサリで飲み会をしてレゴンダンスを見物し、リラックスして戯れた。ビーチから一〇〇メートルのところでのことだ〉

（「Revelling in Paradise（楽園でのお祭り騒ぎ）」『South China morning Post Sunday Magazine』二〇〇八年八月一七日）

記事はさらにバトゥジンバとタンジュンサリに集《つど》った顔ぶれを列挙する。

〈君主や王族、バス一台がいっぱいになるほどの人数の貴族と資産家、たとえばデンマークのイングリット女王、ペルシャの前ソラヤ女王、イラ・フォン・ファステンバーグ王女、ベッドフォード侯爵夫妻、ジャッキー・オナシス、ロスチャイルド、ギネス、テナント、フォード、ゲッティ、ロックフェラー、アグネリスといった人たちが全盛期にあったバトゥジンバのさわやかな海岸に押し寄せた。

彼らが出くわす顔ぶれには、ジェームス・フェアフォックス、ルパート・マードックといったメディア王やオーストラリア首相のジョン・ゴートンやマルコム・フレイザーばかりでなく、レディ・ダイアナ・クーパー〈著者注：絶世の美女といわれたイギリス人女優〉やインドネシアの元ファーストレディのデヴィ・スカルノといった二〇世紀のアイコン、俳優のグレタ・ガルボやエリザベス・テイラーやジョン・ウェインもいた。

（中略）

二〇世紀後半を代表する若い世代としては、サー・デビッド・フロスト〈著者注：アメリカ人ジャーナリスト〉、バリー・ハンフリーズ〈著者注：オーストラリア人コメディアン〉、ミック・ジャガー、ジェリー・ホール〈著者注：ミック・ジャガーの恋人〉、オノヨーコと息子のショーン・レノン、リチャード・ブランソン、デイビッド・ボウイと妻のイマン、エル・マックファーソン〈著者注：オーストラリア人元モデルの実業家〉、ジュリア・ロバーツ、ヨーク公爵夫人のセーラ・ファーガソン〈著者注：英国アンドリュー王子の元妻〉、香港のファッション・メイヴンのジョイス・マがいた。さらには、ビートルズのグルであったヨギのマハラシ・マヘーシュがひょっこり立ち寄ることもあった〉

（前掲誌）

20世紀のありとあらゆる有名人がそこにはいた。

王侯貴族も富豪もロックスターも、誰もが裸足になって、実生活のしがらみを忘れて、ビーチでパーティーに明け暮れた。

それがタンジュンサリとバトゥジンバであり、裸足のラグジュアリーだった。

アマンリゾーツのアイディアが生まれた場所

２０１２年にタンジュンサリの50周年パーティーに参加した時、私は少しだけ当時の空気感を知ることができた。

ドレスコードはゴールデンジュビリー（50周年記念）のゴールド。

堅苦しいことを嫌ったタンジュンサリが記念日に提案したのは、ゴールドのものを何か身につけることだった。

会場のあちこちにスクリーンがおかれ、私は初めてウィヤ・ワォルントゥの顔を見た。ハリウッドの俳優のように整った西洋的な顔立ちには、ほのかに東洋の薫りが感じられた。

司会に立ったのは、誰もがはっとするほど美貌のウィヤの孫娘たちだった。

プログラムの最後はプールサイドがダンスフロアになった。

ウィヤとドナルドとクリスがいた時代のオールディーズナンバーがかかる。

1976年のヒットナンバー、アバの「ダンシング・クイーン」が始まったその時、会場から「イエーイ」という声が上がった。振り向くと、黄金の衣装を翻してステップを踏むタティエ・ワォルントゥの姿があった。

その時代、タティエは、まさにタンジュンサリの女王だったに違いない。興奮が頂点に達し、誰かがふざけてプールに飛び込む。かつては毎晩のようにこんな大騒ぎがあったのだろう。サヌールの終わらない夜が甦《よみがえ》った瞬間だった。

そして、タンジュンサリよりも、さらに謎めいていたのはバトゥジンバである。裸足のラグジュアリーの舞台が、リゾートホテルのタンジュンサリだけだったら、これほど秘密めいた雰囲気は生まれなかっただろう。限られた人たちだけが出入りできる別荘地のバトゥジンバが隣接していたことの意味は大きい。

バトゥジンバの建設にはスリランカ人建築家のジェフリー・バワが招聘されたが、彼は全ての建物を設計した訳ではなかった。開発当初のパンフレットには15棟の図面があるが、実際に手がけたのは一部であり、なかでも代表作とされるのが、別荘地のショールームとなったプロット6（後にハウスAと呼ばれる）と、ドナルド・フレンドの家とスタジオだったプロット5に設けた彼の作品を収蔵するミュージアム、そしてプロット11（後にハウスCと呼ばれる）だった。

1979年、そのひとつ、ドナルド・フレンドの自宅とスタジオに興味を持つ人物があらわれた。健康の悪化などを理由にドナルドがバリから離れるのは1980年頃のこと。すでにその家を使うことが稀になっていたドナルドは、相手が顔なじみであったこともあり、10年のリースで借り入れたいという希望を承諾した。

その相手というのが、エイドリアン・ゼッカだった。

バトゥジンバとアマンリゾーツを結ぶ決定的なつながりが書いてあったのが、先にあげた『The Diaries of Donald Friend』である。

彼はジェフリー・バワが設計したドナルド・フレンドの家をいたく気に入り、後にアマンプリの建築家となるエド・タトルを呼んで、この家の改装を行ったのである。

その時、試作したのが黒いタイルを敷き詰めたプールだったという。

冒頭に紹介したアマンプリのアイコン、ブラックプールは、なんとバトゥジンバで試作されていたのだ。

バトゥジンバの住人からこの事実を聞いた時の驚きは忘れられない。

1980年代のバトゥジンバは、いまだ終わらない宴の中にあった。ラグジュアリーホテルに革新をもたらしたアマンリゾーツのアイディアは確かにそこで生まれたのである。

アジアンリゾートブームと裸足のラグジュアリー

その後、アマンリゾーツの誕生と発展に追随して、アジアに数多《あまた》のトロピカルリゾートが誕生した。それがアジアンリゾートブームだった。

その中で「裸足のラグジュアリー」というコンセプトを最も意識的に、明確に打ち出したのがソネバだった。1995年、モルディブのバー環礁《かんしょう》に開業したソネバフシを発祥とするリゾートブランドである。

創業者はソヌ・シヴダサニ。

ソネバとは、彼の名前と北欧出身で元モデルの妻、エヴァの名前をあわせたものだ。

パキスタンの出身だったソヌの父は、第二次世界大戦の直前、英国に留学するが、戦後のインド独立を伴う混乱で帰国できず、家族をヨーロッパに呼び寄せた。やがて父と母はビジネスで大成功をおさめる。ソヌは富豪の息子として何不自由なく育った。

ソヌとエヴァはモルディブで出会い、恋に落ちた。

ソネバフシは開業時「イギリスの大富豪のソヌがスーパーモデルのエヴァに誕生日のプレゼントとして贈ったリゾート」というキャッチフレーズで語られた。

南アジアのモルディブは、アジアンリゾートの中でも特異な地理的条件を持つ。

無数の島々からなる島嶼《とうしょ》国で、豆粒のように小さい島々が集まってアトール（環礁）を形成する。モルディブとはサンスクリット語で「島々の花輪」を意味する。花輪がすなわちインド洋に浮かぶ環礁であり、それらの集合体がモルディブという国なのだ。

島はひとつひとつが非常に小さいため、リゾートもごく一部の例外を除いて、ひとつの島にひとつのリゾートしかない。いわゆる一島一リゾートである。

島自体も、ほとんどが「ハウスリーフ」と呼ばれる珊瑚礁に囲まれていて、珊瑚礁の内側には穏やかな浅い海が広がり、ターコイズブルーに輝く。島を囲む珊瑚礁、すなわちハウスリーフはダイビングやスノーケリングのスポットになっている。

リゾートは基本的に無人島で、極上の海と白砂のビーチと椰子《やし》の木しかない。

絶海の孤島では、町に繰り出すことも、隣のホテルに遊びに行くこともできない。

それがモルディブのリゾートスタイルなのだ。

きめ細かな白砂のビーチは、ごく自然の流れでゲストに靴を脱がせることになった。小さな島は周囲をぐるりとビーチが囲んでいるから、どこでも裸足で歩けてしまう。モルディブにおいて、「裸足のラグジュアリー」は、象徴的なキャッチフレーズではなく、本当の意味で、リゾートのスタイルとして着地したのである。

私自身が初めてモルディブに行ったのは90年代初頭のことだ。その時の衝撃は忘れられない。海とビーチが、この世のものとは思えないほどの美しさだったのだ。ハワイやタヒチ、ミクロネシア、フィリピンのセブやタイのプーケットなど、トロピカルリゾートは一通り行っていたが、海の美しさはずば抜けていた。

1989年に『彼女が水着にきがえたら』というダイビングをテーマにした映画が公開された。一大スキーブームをもたらした87年の『私をスキーに連れてって』に続くホイチョイ・プロダクション原作の映画で、スキーほどではないにしろ、日本にダイビングブームをおこした。そのブームに乗って、私もダイビングのライセンスを取った。ビーチリゾートに興味を持ったのは、多分にダイビングが影響を与えている。

モルディブを知ったのは、当時の私がバイブルのように愛読していた水中造形センターの『海と島の旅』という雑誌だった。日本で初めてモルディブを紹介したメディアである。英語名『Travel Diver』は、長くモルディブで最も知名度のある日本の雑誌であり続けた。新年号は毎年必ずモルディブ大特集で、熟読して何度かモルディブに通った。なかでも忘れられない島がナカチャフシ（現：フヴァフェンフシ・モルディブ）だった。

ソヌとエヴァが惚れ込んだのも、ナカチャフシだったという。

彼らが出会った頃の70年代後半から80年代のモルディブは、リゾートといっても簡素なもので、真水の少ない孤島ゆえ、塩水で温水も出ないシャワーが当たり前だった。食事も特産のカツオばかり。それでも海の美しさは圧倒的で、ダイバーや海さえあれば何もいらないという人たちが集っていた。

ソヌは当時のナカチャフシをこう証言した。

「そう本当に美しかった。でも、シャワーは塩水で、トイレは臭いがあって、そして、白いプラスチックの椅子がビーチに置かれていましたよね」（『アマン伝説』より）

あまりにも美しい海と、相反する簡素な施設。

当時のモルディブのその現実がソヌの心を突き動かした。

もっとも、最初からホテル建設を計画したのではない。

当初は自分の別荘を建てようと思ったのだが、モルディブでは外国人は島を買うことができなかったのである。リゾート開発であっても、長期のリース契約になる。しかも、当時、モルディブ政府は個人との契約を許可していなかった。

そのため、ソヌはリゾートの開業を計画したのである。

候補地のバー環礁は、首都や空港のある北マーレ環礁、その南に位置する南マーレ環礁から遠く離れていた。ソヌが目をつけたのは、75年に一度開業したが、一般的に送迎に使われるドーニという伝統的な船で3日間もかかることから3年後に閉鎖された経緯を持つ島だった。20年の時を経て、秘境の島はヘリコプターで国際空港と結ばれた。

こうしてソネバフシはバー環礁で唯一のリゾートとして開業した。

コンセプトは「自然への回帰」。

ありのままのモルディブの自然を生かしつつ、ラグジュアリーな空間を提供する。ビーチリゾートにおけるラグジュアリーエコツーリズムの萌芽だったと思う。

同時に、ソネバフシの開業は、モルディブにラグジュアリーリゾートの旋風が巻き起こるきっかけにもなった。

美しい海とビーチしかない、地元の人の暮らしとも隔絶されたモルディブの島々は、絵に描いたような楽園であり、真っ白なキャンバスのようにニュートラルな世界でもある。そのため、自然と融和するソネバのようなコンセプトのみならず、どんなアイディアでも世界観でも実現可能だった。結果、モルディブはラグジュアリーリゾートのショーケースとも、実験場とも言える状況になっていく。

やがてスーパーラグジュアリーと称される、世界で最も高価なホテルのいくつかがモルディブに誕生することになる。

大成功をおさめたソネバフシは、その後、社名をシックスセンシズ・ホテルズ・リゾーツ・スパとして、ソネバのほか、シックスセンシズ、エヴァソンと3つのブランドを展開するようになる。アジアンリゾートブームの主役となったホテルブランドと言っていい。

だが、ソヌは2012年、ソネバをシックスセンシズから分離した。投資ファンドのペガサス・キャピタル・アドバイザーがこれを取得。ソネバフシに続いてモルディブに開業したソネバギリも売却した。拡大していくシックスセンシズに当初の理念が乖離《かいり》していくように思ったのだろうか。

シックスセンシズは現在、インターコンチネンタルや先にあげた新生リージェントを含む19のホテルブランドを有するＩＨＧホテルズ＆リゾーツの傘下にある。

サステナビリティとウェルネスをコンセプトとするシックスセンシズは、現代的価値のあるブランドとして評価が高く、２０２４年には日本にも上陸する。

一方のソネバは、モルディブにソネバフシとソネバジャニ、タイのクッド島にソネバキリ、さらにプライベートクルーズのソネバ・イン・アクアからなる、より小規模でエクスクルーシブなブランドとして現在に至っている。

ソネバキリに取材に行った時、送迎のクルーザーに乗ったところで靴袋のようなものを渡されたことが印象に残っている。

リゾートでは裸足になって過ごしてほしいというメッセージだった。ソネバは文字どおり「裸足のラグジュアリー」であることを実感した。

ソネバは、２０２４年にはソネバシークレット２０２４とネーミングした、よりパーソナルなサービスを提供するリゾートの開業を予定している。彼らはこの新しいリゾートを「私たちの裸足の楽園」と呼んでいる。

第二章

世界一のホテルになった サファリロッジの衝撃

アジアンリゾートからサファリへ

プロローグで紹介した南アフリカのシンギータの衝撃には、続きがあった。サファリロッジというスタイルが持つ世界観、大自然と共にあるラグジュアリーの突き抜け感は、それまでの私の常識を破ったものだった。

だが、現場で感じた驚き以上に衝撃だったのが、取材からまもなくの2004年、なんとシンギータがアメリカの二大旅行雑誌、『トラベル＋《アンド》レジャー』と『コンデナスト・トラベラー』両誌のランキングで世界一のホテルに選ばれたことだった。

世界の多くのラグジュアリートラベラーが私と同じ衝撃を感じたことの証明だった。

ミレニアムの2000年はアジアンリゾートブームにとって節目となる年だった。

アマンリゾーツの最初のホテル、アマンプリの開業から13年目の新年、恒例の年越しパーティーにエイドリアン・ゼッカが姿をあらわさなかった。

きっかけは1997～98年のアジア通貨危機だった。その以前に株式の一部を取得していた投資ファンドが、アマンリゾーツの収益を上げるために取締役会に口出しをしてきたのだ。これによって軋轢《あつれき》が生まれ、最終的にエイドリアン・ゼッカは経営責任者の地位を失い、取締役会のメンバーからも辞任することになった。1998年10月のことである。

99年の年末、辞任劇は、エイドリアンがアマンプリの年越しに姿をあらわさないことで広く世間に知られることになったのである。

一方、日本においては、2000年は海外渡航者数が年間1781万9000人と過去最多となった年だった。日本経済は「失われた20年」で低迷していたが、若い女性を中心に多くの日本人が海外に出かけていた。日本における最大の海外旅行ブームは、バブル景気の最中ではなく、ポストバブルの時代にあったのである。

そうした背景の中で、2000年に誕生した旅行雑誌が文藝春秋の『クレアトラベラー』だった。

母体となる女性誌『クレア』の創刊は1989年だが、98年から99年にかけてアジアンリゾートの特集が好評だったことから、99年に別冊として『超快適アジアン・リゾート&アジアン雑貨の旅』が発売となる。これが好評を得て2000年に発刊されたのが『アイランド・リゾートの旅へ』と『「至高の楽園」アマンリゾーツのすべて』だった。

すでにこの頃、アマンリゾーツの名前はある程度知られていたが、女性誌が一冊まるごとアマンリゾーツを特集したことのインパクトは大きかった。

2000年は、世界的にはアジアンリゾートブームに区切りの影が差した年であると同時に、日本においてはブームが頂点を迎えた年だったのである。

その後、エイドリアン・ゼッカは、虎視眈々とアマンリゾーツへの復帰のタイミングを狙うと同時に、自らのラグジュアリーリゾート開発の手腕を周囲に示すかのように「マハリゾーツ」という新たなブランドを立ち上げた。

2000年、最初のホテルとしてメキシコに開業したのが「マハクア」だった。

アジアンリゾートブームに湧く日本で「次のトレンドはメキシコかもしれない」という噂があった。現実のメキシコは遠すぎて、ブームにまでは至らなかったのだが、その背景には、メキシコに新たなムーブメントを呼び込もうとしていたエイドリアン・ゼッカの戦略があった。彼がメキシコだというのなら、メキシコなのだろう、と思ったのである。

そうした流れの中で、私が講談社の女性誌『フラウ』の取材でマハクアに行ったのは2001年2月のことだった。

マハクアがあったのは、観光地として知名度のあったカンクンやバハカリフォルニアではなかった。メキシコ中部の内陸部、州都コリマから車で45分余りの山の中。周囲に何もない高原地帯にリゾートはあった。

正式名称は、マハクア・アシエンダ・デ・サンアントニオ。

アシエンダとは、植民地時代に生まれた大農園を有する荘園のことである。当時、メキシコではアシエンダを改装したホテルがブームになっていて、メキシコが注目された理由のひとつでもあった。マハクアも話題のアシエンダだった。

もともとの領主はドイツ人でコーヒーとサトウキビが栽培されていた。１９７８年に売却され、映画『ウォール街』のモデルにもなったとされる大物投資家のジェームズ・ゴールドスミスの手に渡った。その運営を任されたのがマハリゾーツだった。噂の絶えない大物投資家の案件ということで、当時、さまざまな憶測も渦巻いた。

バリのアマンダリからやって来たという総支配人は、マハリゾーツとは何かとの問いに慎重に言葉を選んでこう答えた。

〈何もないところに一からホテルを作っていったのがアマンだとしたら、マハクアがそうであるように、歴史ある建物を使って、新たなホテルを作っていくのがマハリゾーツの発想なのだと〉（『アマン伝説』より）

だが、マハリゾーツはマハクアの１軒だけで終わった。

なぜなら、エイドリアン・ゼッカは2002年にアマンリゾーツに戻ったからだ。

歴史的建造物を新たなホテルにリモデルする発想は、その後、カンボジアのアマンサラ（2002年開業）やスリランカのアマンガラ（2005年開業）などに踏襲される。

マハクアに続き、取材で向かったのが北イタリアだった。

エイドリアン・ゼッカもかかわったリージェントの立ち上げをしたホテリエ、ロバート・バーンズがリージェントを離れ、しばらく音信が途絶えた後、北イタリアのガルダ湖畔に「ヴィラ・フェルトリネッリ」というホテルを開業したというニュースが飛び込んできたのである。

材木や紙のビジネスで財をなした豪商の邸宅を贅沢に改装したもので、第二次世界大戦中にはムッソリーニの別荘だったこともある。歴史的建造物から新たなホテルをリモデルする発想はマハクアと同じだった。

この時、私は初めて、ロバート・バーンズに会い、インタビューをした。

彼のキャリアの原点だったハワイのザ・カハラ・ヒルトン時代、日本からのVIPとして、川端康成を迎えた話を懐かしそうにしてくれたことをよく覚えている。

そして、次の取材候補地となったのが南アフリカのシンギータだった。

アジアンリゾートブームの次に来る目的地を探そうとしていた編集部は、ブームにかかわったホテリエたちの新たなプロジェクトを追いかけていたのだが、それとは全く別のベクトルだったアフリカになぜ白羽の矢を立てたのだろうか。

まず初めに、シンギータがフランスを本拠地とする独立系ホテルのコンソーシアム、ルレ・エ・シャトーのメンバーだったことがあげられる。そうした窓口がなかったなら、取材のコネクションをつけるのは難しかったに違いない。

ルレ・エ・シャトーは、もともとフランスのシャトーや貴族の館のホテルが立ち上げた組織だったが、１９８０年代から日本旅館、90年代からアフリカのサファリロッジがメンバーに加盟するようになった。タイプは全く異なるものの、それぞれが持つ独特の世界観とエキゾティシズムは、ルレ・エ・シャトーにグローバルな広がりを持たせ、またそれらの宿泊施設が、世界に知名度を上げる役割を果たしていた。

そして、もうひとつ、私自身がアフリカへの渡航歴があり、ラグジュアリーロッジではなかったが、サファリを体験していたことも大きかった。

それらのことが複合的にあわさって、他誌が注目していない新しいリゾートを掲載したい編集部の意向と合致したのだと思う。

２０００年代の前半、アジアンリゾートの次はアフリカンサファリへ、というトレンドは、世界の富裕層旅行に少なからずあった。

アメリカの旅行雑誌で世界一のホテルとして2冠を獲得し、ラグジュアリーリゾートのジャンルのひとつにサファリロッジが浮上したことは紛れもない事実だったからだ。

ただし、アジアンリゾートと異なったのは、私の衝撃とは裏腹に、日本では全くムーブメントには至らなかったことだ。

とはいえ、世界において、そのムーブメントがあったのは事実であり、私は期せずして絶妙なタイミングで、それを体感したことになる。

第一章で裸足のラグジュアリーを生んだアジアンリゾートの源流を紐解《ひもと》いたように、ラグジュアリーリゾートとしてのサファリロッジが誕生した背景を見ていくことにしよう。

ラグジュアリーサファリロッジの誕生

シンギータの創業は１９９３年である。

エボニーロッジがまず開業し、翌年、隣接するボウルダーズロッジが開業した。

開業年の１９９３年は、南アフリカが変革する節目の年だった。

1990年に長く投獄されていたネルソン・マンデラがデクラーク大統領により釈放されると、アパルトヘイト撤廃に向けて大きく政治が動き始めた。

1991年、アパルトヘイトの根幹である人口登録法、原住民土地法、集団地域法などが廃止となり、マンデラがANC（アフリカ民族会議）の議長に選出される。

長く続いた諸外国からの経済制裁が解除されたのもこの年のことだ。

1993年、暫定憲法が採択され、翌94年の4月に南アフリカ初の全人種参加の選挙を行い、選出された議会で新憲法が発布されることが決まる。

そして同年12月、マンデラはデクラークと共にノーベル平和賞を受賞する。

1993年とは、そういう年だった。

シンギータの創業者はルーク・ベイルズ。

アフリカのいわゆるサファリツーリズム（現地ではWildlife Tourism、野生動物ツーリズムなどと呼ばれることもある）を代表する人物とされる。

アパルトヘイトが終焉《しゅうえん》し、長い経済制裁に終止符が打たれ、南アフリカに新しい時代がやって来たことを敏感に察知して、アフリカの観光業に新風を吹き込むラグジュアリーロッジの創業を決意したのだろう。

1993年は、シンギータと同じサビサンドにあるラグジュアリーサファリロッジのロンドロジが、アフリカのサファリロッジとして初めてルレ・エ・シャトーに加盟した年でもあった。

シンギータの前史は、1926年にルーク・ベイルズの祖父がクルーガー国立公園に隣接するサビサンドと呼ばれるエリアに3万エーカーの土地を購入したことから始まる。

当時のサビサンドは狩猟（ハンティング）のための土地だった。

サファリとは、スワヒリ語で「長い旅」を意味する。

そこから転じて、野生動物の狩猟目的の旅行を「サファリ」と呼ぶようになった。

サファリとは、もともと狩猟のことだったのだ。

ルーク・ベイルズの祖父が購入したのは、いわゆる「ハンティング・コンセッション（狩猟区）」と呼ばれる土地だった。

山崎豊子の小説『沈まぬ太陽』の冒頭に主人公がケニアの「狩猟区」で野営しながら狩猟をする場面が描かれている。

ナイロビを正午過ぎに出発して、ボイの狩猟区へは遅くとも午後四時までに入らなければ、今日の目的である象撃ちはできない。恩地は、重いハンドルをぐいと握り直した。地面の土が茶褐色から、次第に赤く変わり、サバンナの緑が際だつようになった。ツァボ地域のボイ狩猟区に入ったのだった。

恩地は監理事務所で車を停め、狩猟予約証明書を示し、備えつけの書類に名前と、時刻を記した。午後四時十分――（中略）

三頭をやり過ごし、思わず、吐息をついた。象を撃てるチャンスは一日のうちで、朝と夕刻の二回しかない。陽が沈みかけようとしている今日は、もうそのチャンスは望み薄であった。日没までに、夜食用にホロホロ鳥を三羽、撃ち落とした。

主人公の恩地は、企業の懲罰人事で中近東のパキスタン、イランを経てナイロビに赴任したとある。このシーンは1969年にテヘランからナイロビに移動し、3年目とあるから1972年の設定だろうか。

この時代のサファリとは、明らかにハンティングが主流だったのである。

管理事務所で「狩猟予約証明書」を出す場面があるが、ハンティング・コンセッションでは、所有者が家族や仲間とハンティングを楽しむほか、サファリを希望するゲストを有料で受け入れ、ビジネスとして成り立たせていた。

ルーク・ベイルズの祖父もそうした目的で、サビサンドの土地を入手したのだろう。

小説では、アフリカに左遷された主人公の悲哀の象徴として、野生動物が闊歩《かっぽ》するサバンナでの狩猟シーンが描かれているのだが、実際のところ、アフリカにおけるサファリは、欧米の富裕層にとっては憧れの冒険旅行だった。

ストーリーには登場しないが、主人公のモデルとなった人物、小倉寛太郎は、ケニアから帰国後、1976年にアフリカを愛する同好の士を集めて「サバンナクラブ」を発足したことで知られる。日本におけるアフリカ観光の礎となり、定年後はアフリカ研究家、動物写真家として活躍した。アフリカには「アフリカの水を飲んだ者はアフリカに帰る」という諺《ことわざ》があるが、野生動物の闊歩するサバンナの魅力は、彼の後半生に大きな影響を与えたのだった。

ハンティングから自然を保護するサファリへ

ところで、サファリと言えばハンティングだった時代、趣味として楽しむ人だけでなく、撃ち殺した動物の毛皮や肉、「ハンティング・トロフィー」と呼ばれる動物の頭部などを売って生活を成り立たせるプロのハンターも多くいた。

１９８５年のハリウッド映画『愛と哀しみの果て（Out of Africa）』（日本公開は86年）は、そうしたハンターたちが活躍した時代、すなわち１９１０～30年代のアフリカを舞台にした物語だ。

原作はアイザック・ディネーセンの『アフリカの日々』。自身の経験を小説にしたラブロマンスは、作者自身の人生が重なる。

スウェーデン貴族の夫に嫁いだデンマーク人資産家の主人公カレンはケニアに渡り、コーヒー農園を経営するが、夫とは不和になり、ハンターのデニスと出会い、恋に落ちる。

主人公の恋人がまさにハンティングで生活を成り立たせている男だったのだ。

メリル・ストリープが演じるカレンとロバート・レッドフォードが演じるデニスの恋は、アフリカの大地を舞台に展開する。

二大ハリウッドスターの共演ながら、日本ではそこまで話題にはならなかったように記憶するが、私がこの映画を強烈に覚えているのは、１９８９年に初めてアフリカに行った時、現地在住の友人に、この映画を見ておくようにと言われたからだった。

ストーリー以上にサファァリのディテールが印象に残っている。

主人公のカレンは恋人のデニスと共にサファリに行き、銃を携えてライオンと対峙し、サバンナの真ん中でテントを張り、火を焚いて野営をする。スリリングなシーンもさることながら、テントの前に設えたテーブルにクロスをかけ、ワイングラスを傾けて楽しむ夕食や持参した蓄音機でモーツァルトを聴く場面など、ワイルドさと同居する優雅なライフスタイルも魅力的だった。

実際、この映画は、主に欧米マーケットにおいて、アフリカのサファリへの憧れをかき立て、それからほどなくやって来るサファリロッジのラグジュアリー化のムーブメントを牽引するものとなる。

映画に描かれた1910～30年代のサファリにおけるライフスタイルは、ラグジュアリーサファリロッジのインテリアなどの基軸となった。たとえば、シンギータの最初のロッジであるエボニーロッジのインテリアは、まさにそのスタイルを踏襲するものだ。

その後、より現代的なアフリカンモダンが登場すると、クラシックなサファリのインテリアは、しばしば「アウト・オブ・アフリカスタイル」と呼ばれるようになる。

ちなみに、いわゆるアフリカンモダンとは、アースカラーと自然素材、動物柄（シマウマやヒョウ柄）、現地の人たちが好む差し色としての原色などを組み合わせて現代的にアレンジしたものだ。アジアンリゾートから生まれたアジアンモダンの台頭を追いかけるように登場した。

アフリカンモダンは、アジアンモダンがそうだったように雑貨やテーブルウェア、アクセサリーなどにも展開され、旅行者にショッピングの楽しさも提供した。

たとえば、シンギータにおいては、２００３年に開業したレボンボロッジとスウェニロッジがアースカラーと自然素材を多用したナチュラル系のアフリカンモダンである。

シンギータに代表されるアフリカのラグジュアリーサファリロッジが、アジアンリゾートと異なったのは、独自のデザインやスタイルだけではなかった。

決定的な相違点は、リゾートの原点に「コンサベーション（Conservation）」の考え方があったことだ。日本語に直訳すると、「保護」「保全」「保存」といった意味であり、一般に資源や文化財に対して用いられる用語だが、アフリカにおいては主に自然環境の保全、特に野生動物の保護をさす。

リゾートの成り立ちそのものが、心地よい空間で気ままに過ごすことではなく、大自然そのものを体感することであり、野生動物に主眼がおかれている。だから、プロローグで紹介したようにゲストは、野生動物の生態にあわせて早起きをし、サファリに参加する。プールサイドでのんびりしたり、バーで社交を楽しむことは、あくまでもサファリの合間の息抜きに過ぎない。

シンギータの創業者のルーク・ベイルズは、オンラインマガジン「Macau Lifestyle」において、コンサベーションの考え方に根ざした開業の経緯を次のように語っている。

「私の家族はいくつかの土地を所有していましたが、コンサベーションの理想のためにさらに土地を獲得したことで、それはより大きくなりました。そして、私は、私のコンサベーションのプラットフォームを広めるためにブランドを持つ決心をしました。サファリツーリズムはコンサベーションの考え方を広めるために重要な役割を果たすに違いないと思っていたので、私はシンギータ・エボニーロッジを始めたのです。

シンギータとは、現地のシャンガーン語で「奇跡の場所」を意味します。私たちの最も重要な目的は、この美しい土地を次世代に向けて保全し、保存し、守っていくことです」

アマンが「平和の場所」で、シンギータが「奇跡の場所」。

ブランドのネーミングの意味の対比も興味深い。

「奇跡」とは、多くの野生動物が生息する自然環境をあらわしている。ラグジュアリーロッジはその環境を守っていくため、経済的利益を生むためのものとして位置づけられる。

さらにルーク・ベイルズは、シンギータのプラットフォームとなるのは、「生物多様性」「サステナビリティ」「コミュニティ」だとしている。

コミュニティとは、その土地で生活する人たちのことだ。

ラグジュアリーロッジの運営は、雇用や食材の提供を行う農業などを通して、コミュニティにも経済的利益をもたらし、野生動物の生息する環境と共に地域の持続可能性が実現される。それがすなわち「奇跡の場所」であり、それを次世代に残していくことこそが、シンギータのブランドの使命としている。

現在、シンギータは、南アフリカのサビサンド、クルーガー国立公園のほか、ジンバブエのマリラングェ自然保護区、タンザニアのセレンゲティ国立公園に隣接するグルメティ、ルワンダのボルケーノ国立公園など、アフリカ各地の「奇跡の場所」で生物多様性とサステナビリティ、コミュニティの次世代への継承をめざして15軒のロッジとプライベートヴィラなどを運営している。

エコツーリズムとの共通点

シンギータが強調するコンサベーションの考え方は、いわゆるエコツーリズムにも共通する。

エコツーリズムという言葉が登場したのは１９８０年代のことだ。

だが、それ以前から、中南米やアフリカでは、生物多様性を実感できる観光が注目されていた。エコツーリズム発祥の国としては、中米のコスタリカが有名だが、アフリカでも早くから野生動物を対象にした観光が始まっていた。

アフリカにおいては、エコツーリズムよりコンサベーションのほうが早くから注目され、用語としても一般的である。

先にあげたように、１９７０年代まではハンティングのサファリが一般的だったが、１９８０年代頃から、銃をカメラに持ち替えた、撃たないサファリが主流になっていく。消費型観光から持続可能な観光への転換である。その背景にコンサベーションの考え方の浸透があり、世界的な潮流としてはエコツーリズムという概念の誕生があったことになる。

そうしたムーブメントの先がけとなった人物が、ザンビアでウォーキングサファリを発案したノーマン・カーだった。コンサベーションやエコツーリズムという言葉が浸透する以前に、後にそうした言葉でくくられる観光のかたちを彼は実践した。

ノーマン・カーは、1912年に英国統治時代のザンビアに生まれた。

当初の彼は、プロのハンターであり、密猟に手を染めたこともあった。

彼らの主な仕事としては、仕留めた動物の毛皮や肉、象牙を売ることと、趣味で狩猟をする人たちの案内があったが、ノーマン・カーは、このほか野生動物から農地を守るための護衛役としても働いた。いずれも、野生動物を銃で撃って殺すことが仕事だった。

若い頃のノーマン・カーや『アウト・オブ・アフリカ』のデニスは、それが金になる仕事だったという以上に、野生動物を追いかけ、銃で仕留めることに自らの冒険心が満たされるからこそ、その仕事を選んだのだった。

だが、ノーマン・カーは、戦後のある時期から、自然を保全、保護すること、すなわちコンサベーションの重要性に気づき始めた。その後、ザンビアの国立公園の設立に関与し、野生動物保護官となる。そして最終的には、コンサベーショニスト（自然保護活動家）という肩書きで呼ばれるようになる。著書もあり、代表作は1962年の『Return to the Wild（野生にかえれ）』と1969年の『The White Impala（白いインパラ）』だ。いずれも60〜

70年代に日本でも翻訳出版されている（『野生にかえれ　二匹のライオン物語』長谷部司訳、弘文堂、1964年。『白いインパラ』藤原英司訳、集英社、1970年）。

その彼が、1960年代、すなわちサファリがまだハンティングが主流だった時代にいち早く手がけたのが、ウォーキングサファリだったのだ。『白いインパラ』に、その始まりについての記述がある。

数年前から、わたしはちょっと変わったタイプのサファリをやりはじめた。射撃をしないサファリなのだ。わたしはそれを〝自然を訪ねる旅〟と名づけた。これは人間の居住地や人間がつくった道から何キロも離れた自然の奥深くへはいり、野獣の保護地の中を徒歩で歩く旅なのである。それも伝統的なアフリカ旅行のやりかたで、すべての必要品を土民のポーターにかつがせ、リビングストーンのスタンレーの時代と同じ様式で、野性の中へわけいっていく旅なのだ。

こうした様式のサファリは、いつもわたしの心に、昔、徒歩で行くいがい移動の方法がなかった時代のことを、なつかしく思いださせる。のみならず、こういう形式の旅は、自分で何かを完遂するという感じを思い起こさせ、自然の中にとけこむとはどういうことかということをわからせてくれる。さらに平和な自然の中で、のんびりと草をはむ動物たちの姿をそこなわずに、いつまでもとまって見たい時に立ちどまって心ゆくまで動物を眺めることができる。

プロローグで現在のサファリの一般的なスタイルであるゲームドライブについてふれたが、それは、アフリカに自動車が導入されて以降のスタイルである。

ゲームドライブはまずハンティングを便利にし、その後、銃をカメラに持ち替えた、当初はフォトサファリと呼ばれたスタイルに変化した。

ノーマン・カーのウォーキングサファリは、ハンティングが主流だった時代に、スタイルとしては時代に逆行し、考え方としては時代を先取りするものだった。

サファリが提供する「体験」

私が旅した初めてのアフリカが、実はザンビアだった。

１９８９年、青年海外協力隊として赴任《ふにん》した友人を訪ねる旅だった。

当時、私は生まれて初めてのサファリとして、サウス・ルアングア国立公園のチベンベロッジでウォーキングサファリに参加した。

出発前夜、ミーティングがあって、ガイドは私が持ってきた服を全部点検した。ウォーキングサファリで着用していいと許されたのはアースカラーの数枚だけだった。赤や黄色の派手な色は動物を刺激するからNG、黒や紺もはじかれた。サファリファッションがベージュやグリーンのアースカラーなのは意味があってのことだと知らされた。

銃を持ったガイドが先頭を歩き、私たち参加者が続く。

最後尾を同じく銃を持ったトレッカーと呼ばれるアシスタントと、ティータイムに飲むお茶のセットを担いだポーターが歩いた。遠くに姿をあらわしたゾウをドキドキしながら見たことを思い出す。

当時の私はサファリに対する知識はもちろん、ノーマン・カーなる人物のことも何も知らなかった。ただ、友人が予約してくれたロッジに泊まり、言われるがままにウォーキングサファリに参加しただけだった。

それでも、同行したアメリカ人の年配夫婦から、『ニューヨークタイムズ』にこのウォーキングサファリの記事が載っていて、それを見てここに来たと夢見心地の表情で言われたことはよく覚えている。

２０２２年、私は33年ぶりにザンビアを再訪した。

私がノーマン・カーの名前を知ったのは、実はこの時である。

ザンビアのエコツーリズムについて、その道の重鎮だという人物に取材をしたところ、何はさておき出てきた名前だった。

私が１９８９年にサウス・ルアングア国立公園のチベンベロッジでウォーキングサファリに参加したと言うと、彼は大変驚き、それはノーマン・カーが発案したもので、当時、彼はまだ存命だったと言われた。

当時のガイドの名前をようやく思い出して伝えると、ノーマン・カーがじきじきにトレーニングしたチームの一員だったことがわかった。

１９８９年は、マンデラが釈放される前年にあたる。

ザンビアは１９６４年、東京オリンピックの最終日に独立した。開会式には植民地「北ローデシア」の旗で入場し、閉会式には独立国「ザンビア」の旗で入場したことは、しばしばエピソードとして語られる。

1989 年に参加した当時のウォーキングサファリ。著者撮影

南部アフリカでは独立が早かったため、首都ルサカには、アパルトヘイト時代、南アフリカでは非合法だったＡＮＣの亡命本部があった。

だが、独立後、まもなくして主産業である銅の国際価格の暴落で、経済は疲弊《ひへい》した。ノーマン・カーという人物を世に出しながら、その状況を補完するほど、観光産業も育ってはいなかった。

私は経由地のケニアでもサファリを体験した。当時の私にとって、サファリと言えばケニアであり、せっかくアフリカまで行くのならケニアは外せないと思ったのだ。

だが、結果として、ケニアでのサファリの記憶はほとんどなく、覚えているのはザンビアのウォーキングサファリのことばかりだった。

それだけ価値のある体験だったということなのだろう。

33年たってあらためて、私は貴重な体験に巡りあえた偶然に感謝した。

２０２２年にザンビアを再訪した時、私がサウス・ルアングア国立公園で滞在したのは、かつてのチベンベロッジではなく、ムフウェロッジというところだった。

選んだ理由は、毎年10月から11月にかけて、中庭にマンゴーが実る頃、ゾウがやって来るので有名だったからだ。

ゾウはロッジのエントランスからレセプションを通り抜けて中庭に歩いていく。レセプションを通り抜けるゾウは「エレファンツ・イン・レセプション」と呼ばれ、ムフウェロッジの名物だった。衝撃的なその画像を見た私は、どうしてもここに泊まりたいと思ったのだった。

マンゴーの季節は乾季の終わりにあたり、国立公園内でもゲートから遠いロッジは雨季の休業に入り始める。雨が降ると道路事情が悪くなるからだ。チベンベロッジは、雨季には閉鎖されるロッジのひとつだった。

ムフウェロッジは料金的にはラグジュアリーの部類に入るが、その環境はかなりワイルドだった。水辺に近いこともあって、マンゴーの季節は蚊がやたらと多い。

それでも中庭にやって来るゾウは感動的で、ゲームドライブではライオンなど、野生動物との遭遇率も高い。国立公園内を流れるルアングア川に沈む夕陽は息をのむ美しさだった。

2022年にザンビアに再訪した際のウォーキングサファリ。著者撮影

とはいえ、帰国後の2023年に聞いたニュースは衝撃的だった。なんとムフウェロッジがアメリカの旅行雑誌『トラベル＋レジャー』でアフリカのサファリロッジトップ10で1位、世界のホテルトップ100で2位を獲得したのだった。

シンギータの時と同じくらい、いやそれ以上の衝撃だった。

なぜならワイルドさにおいて、ムフウェロッジはシンギータの比ではなかったからだ。アフリカのサファリロッジがラグジュアリートラベルの世界で、ひとつのジャンルとして認められ、より本格的なものが評価される時代になった証だった。

ノーマン・カーを生んだザンビアは、アフリカのサファリを行き尽くした富裕層の旅行者が次に行くべき場所として、今あらためて注目されている。

第三章

「冒険」を好まない日本人

「憧れ」のマチュピチュと「知らない」オカバンゴ

ラグジュアリーの新たなジャンルとして、２０００年代以降、野生動物の生息する大自然を体感するアフリカのサファリロッジが台頭してきたことにふれたが、では、なぜ日本人は、これに共鳴しなかったのだろうか。

日本人マーケットがアジアンリゾートブームを少なからず牽引していたのは、ほぼ同じ頃のことだ。時代はポストバブル、日本経済の絶頂期は過ぎていたが、円がまだ強かったこともあり、日本人はよく海外を旅していた。この頃、憧れの目的地として浮上したのが、インドネシアのバリ島やタイのプーケットなど、アジアンリゾートの舞台となった東南アジアだった。

距離的な近さ、文化的な親近感、リゾートの宿泊料金はともかく現地物価は今と比べてはるかに安かったことなど、アジアンリゾートがブレイクした理由はいくつかある。

代表格であるアマンリゾーツの宿泊料金は当時から高価だったが、アイコン的な憧れの存在として、ブームを牽引する役割を果たした。

だが、アフリカは、１９９２年に日本人経営のムパタ・サファリ・クラブが開業するなど、一過性のブームはあったが、日本では憧れの旅行地として定着しなかった。欧米では、ラグジュアリーサファリロッジの登場以降、富裕層のハネムーンや節目旅行における憧れの旅行先として定番化したのとは対照的だ。

物理的な距離の遠さだけが問題だったのだろうか。

それ以上に心理的な距離に障壁があった気がする。

たとえば、同じ遠距離の秘境と呼ばれる目的地でも南米のペルーは日本人に人気が高い。同じ世界遺産でも、南部アフリカのボツワナにあるオカバンゴ（野生動物の宝庫であり、多くのラグジュアリーロッジがあることで知られる）を知る日本人は極めて少ないが、ペルーのマチュピチュ遺跡の知名度は高く、多くの日本人にとって、一生に一度は行ってみたい憧れの観光地である。

ペルーのリマよりも、南部アフリカの玄関口となる南アフリカのヨハネスブルグのほうが日本からの飛行時間は短いという話をすると、たいていの人は驚く。

これは、アフリカに対しての心理的距離が、物理的距離を上回っているという事実ではないだろうか。

遺跡は人気があるけれど、野生動物は人気がない。

その真意は何なのだろう。

いろいろな人に質問を投げかけているうち、合点のいく回答に巡りあった。その人はこう言ったのだ。

「命の危険があるようなところには行きたくない。そんなところに魅力は感じない」

もちろん、野生動物の生態に詳しいガイドが同行するサファリツアーが命の危険に直結するようなことは、一般的にはあり得ない。

だが、そうは言うものの、アフリカのラグジュアリーロッジは、ありのままの自然との共存を第一に考える。その結果、必ずしも快適でないことや、100%の安全を担保できない状況もおきる。だからこそ、プロローグでふれたように、宿泊するだけで免責同意書にサインをする必要も生じる。

つまり、ゼロリスクではないということだ。

それがすなわち、多くの日本人のラグジュアリートラベラーにとっては「命の危険」を感じる部分であり、受け入れがたいと感じるところなのだろう。

ラグジュアリー観光における「冒険」の価値

野生動物に遭遇するスリリングでドキドキする体験は、すなわち「冒険」という言葉におきかえてもいいだろう。

実際、「アドベンチャー（冒険）ツーリズム」は「エコツーリズム」と共に近年、注目されている観光のジャンルである。

「冒険」という言葉の意味を検索すると、「危ないことを押し切って行うこと」「危険をおかして行うこと」「日常とかけ離れた状況の中で、何らかの目的のために危険に満ちた体験に身をおくこと」といった説明が出てくる。

「冒険」とは、本来「危険」を含む行為なのだ。

しかし、だからこそ面白いのである。

私が、アフリカのラグジュアリーロッジに魅せられた最大の理由は、贅沢な空間に滞在しながら、野生動物と対峙する「冒険」が体験できることだった。

「冒険」が付随することで、ラグジュアリーはさらに高みへと昇華し、お金を払っても惜しくない、一生に一度は行ってみたい憧れのリゾートとなる。

もちろん私も過剰なリスクは求めないし、受け入れない。明らかに危険な行為を好き好んでしないし、本当に治安の悪いところを旅しようとは思わない。

だからといって、安全だけを過剰に旅の条件にはしない。

本当にわくわくするような「冒険」のためであれば、常識的な範囲でのリスクは自己責任で引き受ける。私は個人的にこうした感覚を持っているが、これは、日本人の誰もが共有することではないのだろう。

プロローグで、ラグジュアリー観光で求められるものに「スリルの探求」と「コンフォートゾーンの外」での体験があると指摘したが、その具体例が、まさに「アドベンチャーツーリズム」と呼ぶジャンルではないだろうか。

もちろん、日本人からも、著名な冒険家が輩出しているし、スリルのある体験を求める人も少なからずいる。しかし、ラグジュアリートラベラーでは、その割合は極めて少なくなる。

日本では、ラグジュアリーに「冒険」を求める人は、ことさらに少数派なのだ。

冒険を好まない日本のラグジュアリートラベラーは、さらに、保守的で旧来的なラグジュアリーホテルを好む特性がある。すなわち、デザインやサービスのスタイルにおいても、新しい、挑戦的なものを好まない傾向があるのだ。

それを象徴的にあらわすのが、いわゆるライフスタイルホテルの進出が相対的に遅かったことではないかと思う。

台頭するライフスタイルホテル

ライフスタイルホテルとは何か。

明確な定義はないが、具体的には、デザイン性の高さ、個性的なコンセプト、宿泊以外の付加価値などが特徴としてあげられる。

旧来型のラグジュアリーブランドとの対比において、前述のような条件を満たすブランドをライフスタイルホテルとして線引きする場合が多い。

たとえば、マリオットのラグジュアリーブランドでは、クラシックラグジュアリーとカテゴライズされたザ・リッツ・カールトン、セントレジス、ＪＷマリオットが旧来型のラグジュアリーなのに対して、ディスティンクティブラグジュアリーとカテゴライズされた個性的なブランドの中に、Ｗ、エディションなどのライフスタイルホテルブランドが入っている。

ライフスタイルホテルの発祥は、１９８０年代にパリやロンドン、ニューヨークなどで誕生した、いわゆる「ブティックホテル」を起源とする説が一般的である。

ファッションにおける「ブティック」と同じく、顧客との距離感が近く、パーソナルなサービスを提供する、個性的なデザインやスタイルを持つホテルのことだ。

最初のブティックホテルとしてよく名前があがるのが、ニューヨークの伝説的なナイトクラブ「スタジオ54」をプロデュースしたイアン・シュレーガーが１９８４年にニューヨークに開業した「モーガンズホテル」である。

第一章で、バリのサヌールビーチのタンジュンサリが、世界で最初の「トロピカルブティックリゾート」であると紹介したが、１９６２年創業のタンジュンサリがそう呼ばれるようになったのは、１９８０年代に大都市のブティックホテルが登場して以後のことだろう。ならば、その後に誕生したアマンリゾーツも、ブティックホテルの範疇であり、ライフスタイルホテルの先がけだったと言えるのかもしれない。

創業者のエイドリアン・ゼッカは、アマンリゾーツについてこう語っている。

「アマンリゾーツはライフスタイルの創造なんです。ライフスタイルとはとても複雑なものです。活動的なライフスタイルもあれば、受動的なライフスタイルもある。文化的なライフスタイルもあれば、パーティーライフスタイルもある。私たちが試みてきたことは、そうしたライフスタイルの要素をカクテルすることなんです」（『アマン伝説』より）

彼は自らの事業をホスピタリティ産業ではなく、ライフスタイルビジネスだとも言及している。これだけライフスタイルに焦点をあてたブランドでありながら、アマンリゾーツは、なぜか、一般にライフスタイルホテルと呼ばれてはいない。

ライフスタイルホテルの代表格「W」

ライフスタイルホテルとして認識された、先駆的かつ象徴的なブランドは、マリオット・インターナショナルの「W」だろう。

１９９８年、当時のスターウッドホテルズ&リゾーツがニューヨーク・マンハッタンに一号店を開業した。２０１６年にマリオット・インターナショナルがスターウッドを買収した後は、マリオットの傘下になっている。

Wの公式サイトには「Wは、ニューヨークシティの多様な文化と活気に満ちたエネルギーの中で生まれました。現在では、24時間休みなく活動する世界中の活力を取り入れ、世界各地の魅力的な旅の目的地に最高の音楽、ファッション、デザイン、刺激的なエナジーをお届けしています」と定義されている。

ブランド名の由来は「Whatever／Whenever（お望みのものをお望みの時に）」。

従来のホテルの枠組みを超えて、自由なかたちのサービス、新しいライフスタイルを提案する。まさに業界に新風を吹き込んだブランドだった。

「裸足のラグジュアリー」が、リゾートにおいて、従来の堅苦しいドレスコードやマナーに縛られた規範からゲストを解放したものだったとするのなら、都市ホテルにおいての革新がライフスタイルホテルだったのかもしれない。

たとえば、客室の呼称もユニークで、一般客室には「ワンダフル」「スペクタキュラー」「ファビュラス」、スイートには「マーヴェラス」「ファンタスティック」「WOW」などの感嘆詞が用いられている。

Wのコンセプトは人気を博し、その後、リゾートにも展開されていく。

ちなみに、2000年代以降のラグジュアリーホテルにおける変化のひとつに、自由なスタイルの象徴としてのドレスコードの緩和がある。

現在、世界のほとんどのホテルではファインダイニング（高級レストランの意味）であっても、ドレスコードは「スマートカジュアル」が多い。短パンやビーチサンダルなどが禁止される程度で、男性であれば襟付きのシャツがせいぜいのルール。女性のファッションにほとんど規制はない。こうした潮流を創り出したのが「裸足のラグジュアリー」とライフスタイルホテルの台頭ではなかったのだろうか。

男性はジャケットとネクタイ、女性はドレスとハイヒールでドレスアップすることが、必ずしもラグジュアリーの条件ではなくなったのだ。

Wは、自由なファッションで個性的なライフスタイルを謳歌する、エイドリアン・ゼッカの言葉を借りるならば、アマンプリが提供した「パーティーライフスタイル」を継承するホテルブランドである。

アジア太平洋地域においては、2004年に韓国で開業したWソウル・ウォーカーヒル（現ヴィスタ・ウォーカーヒル・ソウル）が初進出だった。

その後も、2008年の香港、2011年の台北とバリ、2012年にバンコクとシンガポールなどアジア各国に進出。だが、日本では、なかなか開業しなかった。

2010～12年頃の開業で横浜にWが進出する計画があって、プロジェクトが中断したという事情はあったにしろ、その後も新たな進出はなかったのである。

ようやく日本に初上陸したのが、2021年のW大阪だった。

Wには弟分ともいうべきブランドがある。よりリーズナブルなプライスで展開する「アロフト」である。2008年に最初のホテルが開業した。

2021年に開業したW大阪

アロフトもアジアでは、ソウルやバンコクへの進出が早かった。２０１１年開業のバンコクのアロフトに初めて泊まった時の衝撃は忘れられない。宿泊特化のバジェットホテルでありながら、斬新なデザイン性と尖ったコンセプトが導入されていて、何ともわくわくしたものだ。

日本初上陸は、２０２０年開業のアロフト東京銀座。翌年には大阪堂島も開業したが、バンコクと比較すると、10年ほど遅かったことになる。

「アンダーズ東京」の上陸

日本におけるライフスタイルブランドの初上陸は、２０１４年に開業したハイアットホテルズ&リゾーツの「アンダーズ東京」である。

ハイアットが初めて展開する「ハイアット」の名称を冠しないブランドだった。「アンダーズ」とはヒンディ語で「パーソナルスタイル」を意味する。

公式サイトには「全てのアンダーズのホテルは、その名前が示すとおり、お客様が自分らしく輝き、自己表現できる場所を提供することを使命としています。お客様が独自の個性を発揮し、自由に『パーソナルスタイル』を追求、そして楽しむことを支持しています」とブランドのこだわりが記してある。

２００７年にロンドンに開業した「アンダーズ・ロンドン・リバプール・ストリート」が一号店だ。

もともと１８８４年開業の「グレート・イースタン・ホテル」というステーションホテル（駅舎や駅構内にあるホテル）だったが、２０００年にイギリスの著名なインテリアデザイナーであるサー・テレンス・コンランが改装、「デザイナーズホテル」として再開業し、話題を呼んだ。デザイナーズホテルとは、日本ではブティックホテルと同義語としても使われるが、よりデザイン性に特化したホテルというニュアンスが強い。そのホテルをハイアットが自社のラグジュアリー ライフスタイルブランドに転化したのである。

東京が開業する以前に「アンダーズ・ロンドン・リバプール・ストリート」を取材したことがあるが、まず驚いたのが、ホテルに到着すると、ｉＰａｄを持ったスタッフらしき人に「お飲み物は何になさいますか」と聞かれたことだった。

チェックインの前に飲み物をサービスするというのは、ブティックホテルではしばしばあ

2014年に開業したアンダーズ東京
©Andaz Tokyo Toranomon Hills

るスタイルだが、フロントもなければ、スタッフのユニフォームもない。ラウンジとして機能するロビーは、デザインの奇抜さもさることながら、サービスのスタイルも斬新で、ライフスタイルホテルとは何かを実感した記憶がある。

アンダーズは、Wと比較すると、ブランド誕生から比較的早く日本に上陸したのだが、それでもアジアの初出店は、２０１１年開業の上海だった。

そして、東京の開業時に感じたのは、ロンドンでの衝撃的な斬新さと比べると、日本でのオペレーションは、もう少しフォーマルで、チェックインへの誘導がわかりやすかったことだ。日本マーケットへのソフトランディングだったのかもしれない。

しばらくして、日本でもライフスタイルブランドのホテルの開業が多くなる。

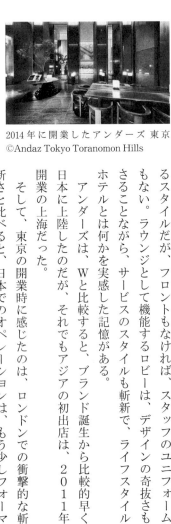

背景には、日本におけるインバウンド需要の伸びがあったと考えられる。

アンダーズ東京が開業した翌年は、訪日外国人旅行者数が出国日本人数を上回った節目の年だった。日本人の志向の変化というより、日本の都市ホテルにおける外国人客比率の高まりが追い風になったのだろう。

ハイアット・セントリックは、アンダーズよりリーズナブルな価格帯のハイアットのライフスタイルホテルで、2015年に北米から展開が始まった。ブランドのネーミングには「街の中心」「情報の中心」といった意味が込められている。2018年に開業した「ハイアット・セントリック銀座東京」はアジア初進出だった。

マリオットでもライフスタイルブランドの上陸が相次ぐ。

2017年には、ミレニアル世代をターゲットにしたバジェットタイプのライフスタイルホテル「モクシー」が東京錦糸町と大阪本町に同時開業。このブランドも2014年、ミラノに一号店が開業してから3年で日本進出したことになる。

最大の特徴は、24時間営業のバーカウンターがフロントを兼ねること。「アロフト」と競合するターゲットだが、より「パーティーライフスタイル」志向が強い。

ラグジュアリーのライフスタイルホテルとしては、2013年にスタートしたブランド「エディション」が2020年に虎ノ門、2023年に銀座に開業した。

ちなみに、このブランドは、ブティックホテルの創始者とされるイアン・シュレーガーがマリオットとのコラボレーションで手がけたものだ。

日系ライフスタイルホテルの登場

外資系の独壇場だったライフスタイルホテルに日系ホテルが進出し始めるのは、2020年前後になってからである。

この頃になると、世界のホテル業界において、ライフスタイルホテルの存在感は無視できないものになってくる。

2019年に一号店の「ザ・ロイヤルパーク・キャンバス銀座8」が開業したロイヤルパークホテルズアンドリゾーツ（現：三菱地所ホテルズ&リゾーツ）の「キャンバス」は日系ホテルチェーンのライフスタイルブランドの先がけと言える。その後、大阪北浜、神戸三宮、京都二条、福岡中洲など全国に展開。札幌大通公園の「キャンバス」は、そのデザイン性の高さからグッドデザイン賞を受賞している。

2020年に開業したパレスホテルの「ゼンティス大阪」も、これまでのオーセンティックなパレスホテルのイメージとは一線を画するライフスタイルホテルである。

大手不動産会社としては、ホテル業界への参入が後発だった野村不動産は、ライフスタイルホテルを主体に展開している。

独自ブランドの「NOHGA HOTEL」が、まさにライフスタイルホテルであるほか、フラグシップ的存在である「庭のホテル 東京」も、個性的なコンセプトが話題を呼んだホテルだった。1935年に旅館「森田館」として創業、1973年にビジネスホテル「東京グリーンホテル水道橋」となり、2009年に「庭のホテル 東京」として開業した歴史を持つ。その後、2018年に野村不動産にグループ入りした。

「庭のホテル 東京」は開業時、「美しいモダンな和」をコンセプトに「ほかのどこにも似ていないホテル」をめざした。そのスタンスは、1980年代以降、日本ではほとんど例のなかったブティックホテルに相当するものだったと思う。

庭のホテル 東京　©Forward Stroke

「食」「温泉」の旅から「冒険」「体験」の旅へ

日本人のラグジュアリートラベラーは「冒険」を好まないと指摘したが、では、何を好むのか。ラグジュアリーに限らず、日本人の旅における最も重要なポイントは、おそらく「食」と「温泉」ではないだろうか。

「食」と「温泉」は、身体的な快適性の究極であり、「冒険」のような「コンフォートゾーンの外」の「体験」とは対極のものである。

現代の日本旅館においては、提供する価値のほとんどを「食」と「温泉」が占め、それに「おもてなし」が加わる。逆を言えば、日本旅館では「食」「温泉」「おもてなし」以外の価値はほとんど提供されない。

そこに改革をもたらしたのが、実は星野リゾートだった。

温泉旅館ブランドの「界」において、「ご当地楽」と呼ぶ、地域の特徴的な魅力を楽しんでもらえるよう、伝統工芸や芸能などを満喫できるおもてなし、アクティビティを用意することで、もうひとつの楽しみとして「体験」を強化したのだった。

インバウンドの外国人旅行者にとっても、もちろん日本の食と温泉が魅力的なコンテンツであることに変わりはない。だが、彼らにとっては、必ずしもそれが全てではない。

対して、日本のラグジュアリートラベラーは、よりシンプルに食と温泉を求める。しかも多くの場合は、それが旅の全てといっても過言ではない。

外国人旅行者にとって、目的地が温泉地であっても温泉が全てではないことを実感したのが、２０１９年の台風19号が箱根を直撃し、温泉に被害が出た時だった。

一部の温泉旅館で温泉の供給が止まった。温泉が提供できなくなった旅館は、それ以外の施設に被害がなくても休業するところが多かった。宿泊施設が提供できる価値の半分が失われたと判断したからだった。

ところが、この時、外国人旅行者の多かった外資系ホテルでは、「温泉に被害があったので沸かし湯を使用していますが、それ以外は何の問題もありません」と営業を続け、実際、外国人旅行者は喜んで滞在していたのである。

提供する価値のうち、温泉はほんの一部だと判断したからだろう。

そして、日本人のラグジュアリートラベラーが求める食とは、すなわち「美食」である。日本旅館の価値は、この部分で決まるから、宿泊形態は1泊2食でなければならないし、夕食は「ご馳走」である必要がある。

1泊2食は、旅館側が利益を生み出すためのシステムでもあるのだが、ゲストがそれを求めていることも、旅館の泊食分離が進まない理由と言える。

日本人の旅の主流は、ラグジュアリートラベラーならずとも1泊2日で温泉に入ってご馳走を食べることだ。こうした旅の嗜好《しこう》は、高度経済成長期以降、あまり変化していない。旅館の多くは、1泊2日でご馳走を出すスタイルに固執《こしつ》し、その結果、日本の宿泊施設は、連泊や自由な旅のスタイルに対応できないところがいまだに多いのである。

海外においても、いわゆる「フーディー（食通）」と呼ばれる人たちはいて、ミシュランの星付きレストランなどを食べ歩く。一般の旅行者も、日本に来る目的がスシやラーメンなどの日本食であるケースは増えている。

しかし、外国人旅行者のニーズは、決して食が全てではない。もっとさまざまな「体験」を求めている。「冒険」もそのひとつだが、必ずしも「冒険」でなくてもよい。知的好奇心を満たす文化的な体験や、食に関しても、単に美味しいものを食べるだけでなく、食材や調理法を深く知る体験を求めている。

海外の観光地では一般的なのに、日本ではまだ少ない食を巡る体験アクティビティとして「クッキングクラス（料理教室）」と「フードツアー（食べ歩きツアー）」がある。

料理教室は、本気でテクニックを身につけるというよりは、その国の食文化を体験的に理解する意味合いが大きく、主にリゾートホテルなどで開催される。

一方、都市のアクティビティとして人気なのが食べ歩きツアーだ。街歩きをかねて複数の飲食店をガイドと共に巡る。いずれも「食」を「体験」として楽しみたいニーズが大きいからこそのコンテンツである。

日本のラグジュアリートラベルが進化するには、旅の目的は食と温泉である、という日本人の常識を超えた発想が必要ではないだろうか。

そのキーワードが「冒険」であり、「体験」なのである。

第四章

意識高い系ラグジュアリーの台頭

観光の重要指標となった「サステナビリティ」

第二章でアフリカのラグジュアリーサファリロッジ、シンギータの創業者が重視したプラットフォームが「生物多様性」「サステナビリティ」「コミュニティ」だと紹介した。

現在、注目されているSDGsにも通じるこれらの指標は1993年創業のホスピタリティ企業としては、非常に先進的な考え方だった。

環境問題が地球全体の課題と意識されるようになった発端は、1987年に国連の環境と開発に関する世界委員会が「持続可能な開発」を提唱した「モントリオール議定書（正式名称：オゾン層を破壊する物質に関するモントリオール議定書）」にさかのぼる。

この時、「リステナビリティ（持続可能性）」というキーワードが登場した。

環境に配慮した活動を行うことで社会全体を長期的に持続させていくことを意味する。

1992年には、環境と開発に関する国際連合会議、すなわち「地球サミット」が開催された。この時も、持続可能な開発に向けた地球規模の取り組みが構想された。

シンギータの創業は、この翌年にあたる。

日本では、「サステナビリティ」という言葉もほとんど知られていなかった頃のことだ。

環境問題に日本人が意識を向けるようになったのは、京都議定書が採択された1997年の地球温暖化防止京都会議の頃からではないだろうか。

その後、環境問題は、ホテルやリゾートにおいて、特に欧米マーケットのラグジュアリートラベラーを相手にする宿泊施設において、最重要の考え方になっていく。

なぜことさらにラグジュアリーマーケットで重要視されたのか。

欧米では「ノブレス・オブリージュ」の考え方が浸透しているからではないか。「Noblesse（貴族）」と「Oblige（義務を負わせる）」をあわせた言葉で、財力、権力、社会的地位を持つ者は、それに応じて果たさなければならない社会的責任と義務があるという欧米社会に浸透した道徳観のことである。

欧米の富裕層が、チャリティやボランティアに積極的にかかわるのも、この道徳観が根底にあるからだろう。

その延長線上に、ラグジュアリーホテルに滞在するような財力、権力、社会的地位を持つ者は、地球環境の保全にも率先して関与すべきという考え方がある。21世紀において、持続可能な地球環境を守ることは最も重要な社会的責任だからだ。

そのため、ラグジュアリーホテルでは、サステナビリティに配慮しているということが、しばしばゲストが施設を選ぶ条件にもなる。

ホテルのウェブサイトでも「宿泊」や「食事」「体験」などと共に「サステナビリティ」という項目があり、環境に対する取り組みなどが表記されていることが多い。

「排他」から「包摂」へ変化するラグジュアリー

サステナビリティに対する意識の高まりのみならず、ラグジュアリーの世界では、ラグジュアリーそのものの捉え方にも変化が生じている。旧型ラグジュアリーから新しいラグジュアリーへの転換である。その動きは、ホスピタリティ産業にとどまらない。

「ラグジュアリー」とは、一般に「豪華な」「贅沢な」という意味で用いられるが、その本質的な意味は、時代と共に変化してきた。

ファッション業界を中心にラグジュアリーの変化を論じた『新・ラグジュアリー 文化が生み出す経済10の講義』（安西洋之・中野香織、クロスメディア・パブリッシング、2022年）は次のように指摘する。

古代から時代とともに「ラグジュアリー」の意味は常に変わってきたのです。まずは王権や宗教的権力を示すためのラグジュアリーがあり、産業革命後は新興ブルジョワジーの権威付けのためのラグジュアリーがあった。20世紀後半からは、欧州以外の地域での欧州文化への憧れや自慢の対象として、ラグジュアリーは存在感を出してきました。

そして現在、21世紀も20年以上を経て、ラグジュアリーにはさらなる変化が見えています。より公平で透明性の高いビジネスモデルを率先して実現しようとしているのです。従来のエリート的な「排他」から民主的な「包摂」へと性格を変え、新しい時代に適合した世界の可視化がラグジュアリー領域に期待されています。


「排他」から「包摂」へ、という変化のキーワードは、ラグジュアリーリゾートのあり方として、私自身も２０００年代初め頃に実感したことがある。

それはカリブ海のとある島嶼国のリゾートに行った時のことだった。

滞在したラグジュアリーホテルの周囲が鉄条網で囲われていたのだ。聞けば、周囲は治安が悪いからとのことだった。

カリブ海は、北米マーケットの一大リゾートエリアとして発展してきた。だが、リゾート開発は、経済格差のある地元を「排他」し、観光客だけを囲い込んだ「楽園」とすることで進められたものが多かった。

鉄条網は、まさにその象徴だったのだろう。

2000年代初めに勃興していたバリ島やプーケットなどのアジアンリゾートでは見られない状況だっただけに、少なからずショックを受けたことをよく覚えている。

アジアンリゾートが欧米マーケットにムーブメントをおこした背景には、「排他」から「包摂」へ、という変化のキーワードをいち早く体現していたからかもしれない。

「包摂」とは、異なる意見や立場、文化や価値観などを受け入れ、調和を図ることを指す。その考え方を象徴するひとつが、ローカル文化やコミュニティとどうかかわっていくか、ということだろう。

労働力の提供としての地元の人たちの雇用、エキゾティシズムの象徴としてのローカル文化の提供は以前からあった。だが、「公平で透明性のあるビジネスモデル」ではなかった。地元のコミュニティとリゾートが公平な関係を築き、リゾートで上げる収益をコミュニティに適正に還元していくことが、ホスピタリティ産業における新しいラグジュアリーのあり方なのだと思う。

シンギータがプラットフォームにあげた「コミュニティ」が、まさにこれである。

高まる「生物多様性」への意識

次に「生物多様性」だが、ラグジュアリーサファリロッジにおいては、野生動物が生息する自然と共存するリゾートが、観光産業を通して生物多様性の保持に寄与するということを意味するが、ファッションの分野においてもこの潮流はある。たとえば、毛皮を使用しない「ファーフリー」がそうだ。前掲書の『新・ラグジュアリー』では、次のように紹介している。

２０２１年９月、ケリンググループは傘下の全ブランドで毛皮を使わないことを宣言しました。毛皮に関しては、一部の極寒地域にとってはオーガニックな必需品でもあり、一概に使用禁止とすることに対しては疑問を挟みたいところですが、企業としての環境保護の姿勢をより鮮明にしたいということでしょう。防寒ウェアが主力商品であるモンクレールも、２０２２年中にファーの調達を中止することを決定。２０２３―24年秋冬コレクションがファーを使用する最後のコレクションとなります。豪華なファーがブランドの特色でもあったドルチェ＆ガッバーナも、２０２２年以降、動物の毛皮を廃止することを宣言。一方で、毛皮加工職人の仕事やスキルを次世代に受け継いでいくため、リサイクル素材などを使用したフェイクファーで代替し、職人たちとのコラボレーションを継続していく方針を打ち出しました。

・

「生物多様性」に対する意識は、食の世界にも影響を与えている。

そのひとつがフカヒレだ。サメの尾びれや背びれを乾燥させた中国料理の高級食材として知られる。問題視されるようになったのは、フカヒレの材料となる尾びれだけを切り取り、再び海に戻す「シャークフィニング」と呼ばれる残酷なサメ漁だった。ひれを失ったサメは泳ぐことができず、そのまま死んでしまう。

2021年、EU離脱後のイギリスが動物愛護の取り組み「アクションプラン・フォー・アニマル・ウェルフェア」の提起からフカヒレの輸出入を禁止する法律を制定したのがきっかけとなり、EU、アメリカなどの各国が追随した。これに伴い、世界のラグジュアリーホテルチェーンでフカヒレを使用しない取り決めが広がった。フカヒレの輸出入を禁止していない日本においても、現在、多くの外資系ホテルでフカヒレは料理に使用されていない。

「意識高い系ラグジュアリー」の登場

シンギータの打ち出した3つのプラットフォームは、ホスピタリティ産業のみならず、ラグジュアリー市場において、まさに先進性のあるものだったのだ。

さらに旧型ラグジュアリーからの脱皮を模索して、近年、新しいラグジュアリーを巡るいくつかのキーワードが登場しているという。

> ２０００年代に入って、ラグジュアリービジネスのダークサイドが露呈し、大衆化による弊害が問題視される中で、浮上するキーワードも揺れ動いています。
> ２００７年11月には「エシカル（倫理的な）・ラグジュアリー」という言葉が生まれています。（中略）２００９年には「レスポンシブル（責任ある）・ラグジュアリー」と「サステナブル（持続可能な）・ラグジュアリー」がテーマとして議論が交わされました。
> （『新・ラグジュアリー』より）

「レスポンシブル」と「サステナブル」に関しては、観光の世界でも、ほぼ時を同じくして「レスポンシブル・ツーリズム」「サステナブル・ツーリズム」というワードが頻繁に使われるようになっている。
次いで、もうひとつのキーワードが登場する。

2017年に浮上したワードが、ほかならぬ「コンシャス（意識の深い）・ラグジュアリー」でした。「意識の高い」と訳してしまうと揶揄《やゆ》のようにも受け取られる日本の現状に配慮して、あえて「意識の深い」と訳してみます。（中略）
「コンシャス」に関してもう少し解説します。どこに対して意識が向いているかというと、地球環境であり、ジェンダーギャップや人種差別を含む人権問題であり、文化盗用問題であり、プロセスの透明性や公平性であり、さらにいえば、「ビジネスをなぜ行っているか」というミッションや大義に対する意識でしょう。（『新・ラグジュアリー』より）

「コンシャス」というワードは、ツーリズムではまだ一般的に使われていない。
だが、そうした意識が生まれているのは事実であり、将来的により注目される可能性のあるキーワードだと言える。

『新・ラグジュアリー』では、「意識の深い」と訳しているが、私はあえて「意識高い系ラグジュアリー」と呼ぶことにした。多少揶揄のようなニュアンスがあるにしても、さし示す内容がよりわかりやすいと考えたからだ。

ホスピタリティ産業において「意識の高さ」が台頭していると感じるひとつの典型が、ラグジュアリーリゾートの開発や運営に地域貢献を目的としたＮＧＯやＮＰＯなどの財団がかかわる例である。

取材して印象に残っているのが、インドネシアの「ニヒ・スンバ」と創業者が設立した「スンバ財団」との関係だ。

バリ島のデンパサールから空路で約１時間のスンバ島は、長く外界との接触が少なかったことから独特の文化が息づく辺境の島である。乾いた気候は高温多湿な東南アジアでは異質で、４月から11月は雨がほとんど降らない長い乾季が続く。

玄関口となるタンボラカ空港からニヒ・スンバまでは車で１時間半。便利とは言えないロケーションが、かえってラグジュアリートラベラーの冒険心をかきたてている。

２０１６年と２０１７年にアメリカの旅行雑誌『トラベル＋レジャー』で２年連続１位になり、その名が知られることになった。２０１７年の取材は、前年の受賞を受けてのことであり、当時は「ニヒワトゥ」というリゾート名だった。

リゾートが誕生したきっかけは、ビーチに押し寄せる最高の波だったという。

創業者はアメリカ人夫妻のクロード&パトラ・グレイヴス。夫のクロードは筋金入りのサーファーで、理想の波を求めて世界を旅し、スンバ島のニヒ・スンバがあるビーチに辿り着いたのだ。１９８８年、上質でこぢんまりしたサーファーズキャンプとして開業した。

ラグジュアリーリゾートとして変貌したのは、２０１２年にアパレルブランドのトリーバーチの元取締役で企業家のクリストファー・バーチが取得してからである。共同経営者として招聘された友人のジェームズ・マクブライドは、ニューヨークのザ・カーライルホテル（現：ザ・カーライル・ア・ローズウッド・ホテル）など数々のラグジュアリーホテルを手がけてきたホテリエだった。当時は、シンガポールに本拠地をおき、日本でもニセコなどでホテルを展開するＹＴＬホテルズの代表を務めていた。

最高のロケーションと理念に潤沢な資本と運営のプロが結びついたのである。

スンバ財団の設立は２００１年。ラグジュアリーリゾートになる以前のことだ。

最初に手がけたプロジェクトが水の供給だった。

１年の半分以上が乾季で雨の降らない気候は、晴天率が高いということであり、リゾートとしては好条件を意味する。だが、地元の人々にとっては厳しい生活条件になる。

井戸を掘り、地域の人々に安全な生活用水を供給するプログラムが財団の出発点だった。

次いで２００４年からマラリア撲滅のプロジェクトが始まった。

マラリアによる健康被害で命を落とすのは幼い子供が多かった。そこでマラリア対策の第一人者を招聘、マラリアの予防と治療のためのクリニックを村に開設した。クリニックでは、その後、妊婦の定期健診や眼科検診、日常的な医療も提供されるようになった。

スンバ財団の開設したクリニック。著者撮影

　私が取材に訪れた当時、活動の中心となっていたのは、子供の栄養改善プログラムの推進だった。そのために財団では無料の学校給食を提供していた。

　ニヒ・スンバでは、ラグジュアリーサファリロッジと同じく、宿泊は食事とアクティビティなどが全て含まれるオールインクルーシブスタイルだ。そのアクティビティのひとつにスンバ財団のツアーがあり、私はそれに参加したのだった。ちなみに予約は、最低3泊以上、ハイシーズンは5泊以上が条件になっている。

リゾートのオーナーは変わっても財団の活動は継続されたばかりでなく、むしろその関係は密になっているようにも感じられた。

当時、財団の代表を務めていたのは、リゾートの前総支配人だった。ジェームズ・マクブライドと共にＹＴＬホテルズからやって来た人物である。ホスピタリティ業界のエリートが畑違いに思える財団を率いている。その意外性に驚いたのだが、地元の人たちの生活が向上し、子供たちが健康で教育を受けることができれば、将来的にニヒ・スンバを支える人材になる。財団とリゾートは車の両輪となり、スンバ島のサステナブル・ツーリズムを支えることになるのだ。

リゾートでは週１回、ブッフェスタイルのバーベキューディナーが開催されていた。食事の後、スンバ財団の活動が映像で紹介され、財団の代表が解説をする。

このイベントがきっかけで、ゲストが財団のツアーに参加したり、寄付をしたりすることにつながるのだ。

手つかずの自然と地域の発展の両立

ラグジュアリーリゾートは、近年、より都会から離れた、手つかずの自然環境の立地であることに価値が見出されている。

そうした場所は、たとえばスンバ島がそうであるように、経済発展の著しい東南アジアであっても、発展から取り残されている地域が多い。だが、そこにリゾートが誕生し、財団の活動が伴うことで、観光客からの利益を平等に共有し、地元を「排他」するのではなく、「包摂」して発展することができる。

ホテルにウェブサイトの「財団」という項目があり、目的や活動などが紹介してあるところも多い。これは、ゲストがリゾートを選ぶ条件のひとつに財団があることを意味している。

実例として、カンボジアのソンサー・プライベートアイランド、ミャンマーのワ・アレ・リゾートなどがある。

たとえば、ミャンマー南部、タイ国境に近いメルギー諸島のランピ島にあるワ・アレ・リゾートのランピ財団は、ウミガメなど海洋生物の保護、無償教育の提供、医療を提供するクリニックの設立の3つの活動を軸にしている。リゾートの全収益の20％、客室料金の2％を地域に還元すると、明確に数字を打ち出しているところも特徴的だ。

コロナ禍以降、ミャンマーの不安定な政治状況もあり、財団の活動は一時期、中断を余儀なくされたというが、ウミガメの保護活動は今も続いている。隣接する島の学校とクリニックは閉鎖されてしまったが、リゾートに常駐する看護師が周辺の島々に住む人たちの健康管理や緊急時の応急処置を今も担当している。医療機関のない島々にとって、ワ・アレ・リゾートの存在は大きな意味を持っている。

コンサベーションを創業の基盤とするシンギータも、もちろんコンサベーション部門には独自の財団がある。南アフリカ・サビサンドの「シンギータ・ロウベルト・トラスト」、タンザニア・セレンゲティの「グルメティ・ファンド」などである。それぞれ地域の状況や目的に応じた活動、たとえば、サイやレパードなど希少な野生動物の調査、料理人を養成する学校の運営などを行っている。

アフリカでは、このほかザンビアのサウス・ルアングア国立公園でユニークな財団を取材する機会があった。

単独のリゾートではなく、複数のリゾートが参加して運営する「プロジェクト・ルアングア」という組織だ。観光客を対象に地元の女性たちが制作したテキスタイルやクラフトを適正価格で販売していて、収益は教育の充実と女性の地位向上にあてられている。

ユニークな取り組みだと思ったのが、利益を教育に還元する多くの財団が観光客の学校訪問を実施しているのに対して、子供たちへの負荷を考えて、商品を販売する拠点に展示スペースがあり、そこで子供たちが授業を受ける様子などの動画を放映する方法を採用していたことだった。

サウス・ルアングア国立公園では、「プロジェクト・ルアングア」に限らず、観光客に人気の土産物店は、ほとんどがこうした財団の運営する組織であることが目を引いた。品質も良いが、そのかわり値段は安くない。だが、それは、フェアトレードの商品がそうであるように、地元に公正に収益を還元する意味があるのだ。

なかでも印象的だったのは、密猟者が使うワナを使って、地元の女性たちがアクセサリーを作って販売する「マルベリー・マングース」だった。

アフリカ全体で野生動物の密猟は今なお大きな問題だ。シンギータの財団でも多くのエリアで密猟をなくすための取り組みが主要な活動になっている。

「マルベリー・マングース」では、密猟者のワナを回収すると同時に、それを美しいアクセサリーに加工し、女性たちの現金収入に結びつけている。いかにもアフリカらしい大胆な発想とクールなデザインのアクセサリーに驚かされた。

日本では自然保護や地域コミュニティの活性化をめざす財団とラグジュアリーツーリズムの連携は、まだあまり見られない。

日本のラグジュアリートラベラーは、環境問題などを正面切って打ち出し、真面目に関与していることが、ラグジュアリーな宿泊施設を選ぶ積極的な条件になっていないのが理由ではないかと考える。

近年、日本のホテルでもペットボトルの廃止や使い捨てプラスチックのアメニティをなるべく使用しないなど、環境問題への取り組みが意識されるようになり、環境への配慮をコンセプトとするホテルも増えてきた。

だが、全体的には、こうした意識の欠如が企業理念として問題視されることを憂慮《ゆうりょ》する表面的な取り組みが多く、ラグジュアリーホテルほど積極的という傾向もあまりない。日本人のラグジュアリートラベラーは、サステナビリティへの配慮よりも、手厚いサービスやおもてなしを求める傾向があり、アメニティの簡素化も難しい側面がある。

あえて「意識高い系ラグジュアリー」と呼ぶのは、こうした日本の現状に気づきをもたらしたい思いがあるからだ。日本においても、世界のラグジュアリーツーリズムにおける意識の変化に対応することで、新たなラグジュアリーのかたちが生まれてくるのではないだろうか。それは、また新たな市場の形成でもあるのだ。

第五章

ラグジュアリーツーリズムは環境にやさしい

少数の旅行者に良質の観光を提供するブータン

ラグジュアリーツーリズムのもたらすメリットとして、日本であまり意識されていないと思うのが、環境負荷の軽減に役立つということである。ラグジュアリートラベラーが環境問題に敏感というだけでなく、ラグジュアリーツーリズムそれ自体が環境負荷の軽減に貢献するのである。

なぜなら、観光によって同じ金額の収益を上げるのならば、観光客の数は少ないほうが環境にやさしいからだ。1人1万円使う観光客が1万人来るよりは、1人100万円使う観光客が100人来るほうが環境負荷は圧倒的に少ない。

これは自然環境だけに限らない。住民の静かな生活を守り、その国や地域の独自の文化に悪影響を与えないためにも観光客の数は抑えながら収益を上げられるほうがいい。

この点に着目し、早くから観光をラグジュアリーツーリズムに特化してきた国が少なからずある。

その代表格が「幸せの国」として有名なブータンだ。

ヒマラヤ山脈の東端に位置し、インドと中国に国境を接する。多くの寺院と美しい自然、独自の文化が息づく仏教国である。2011年、東日本大震災の年に、第五代国王のジグミ・ケサル・ナムゲル・ワンチュクが新婚まもない王妃と共に来日して話題になった。

　長く鎖国状態にあったブータンが国際社会にデビューしたのは１９７１年の国連加盟だった。翌年、近代化を進めた第三代国王が急逝《きゅうせい》。現国王の父、第四代国王のジグミ・シンゲ・ワンチュクが16歳で即位し、世界で最も若い君主として注目された。

　外国人観光客の受け入れを開始したのは１９７４年。若き国王の戴冠式が行われた年のことだった。

ブータンの観光名所タクツァン寺院
©Robert Harding/ アフロ

　ブータンを「幸せの国」として有名にしたのは、ジグミ・シンゲ・ワンチュク元国王が「国民総生産（ＧＮＰ）」に対して提唱した「国民総幸福量（ＧＮＨ＝Gross National Happiness）」という指数だろう。さらに同国王は、外国人観光客に門戸を開くにあたって、独自の戦略を打ち出した。観光が自然環境や伝統文化におよぼす影響を最小限度にとどめるための「ロー・ボリューム、ハイ・クオリティ」政策である。

　旅行者はブータン内の旅行会社に規定の公定料金を事前に支払うことが義務づけられる。この制度を利用しない限り、観光ビザが発給されないので入国することができない。

公定料金は何度となく変更されてきたが、コロナ禍前で1人あたり約250米ドル（約3万7000円。季節変動、少人数の場合の追加料金などあり）。この料金の中に食事、宿泊費、ドライバー代やガイド代などが含まれる。旅行者は、多少の変更は認められるものの、日程も事前に決める必要があった。

当初、手配は全て国営の観光公社BTC（ブータン・ツーリズム・コーポレーション）が行っていたが、1991年から民間の参入が許可された。

この政策について『コミュニティ・ベースド・ツーリズム事例研究〜観光とコミュニティの幸せな関係性の構築に向けて〜』（山村高淑・小林英俊・緒川弘孝・石森秀三編、CATS叢書、2010年）は次のように指摘している。


この公定料金制度により観光開放に一定の枠をはめる背景となったのは、ネパールにおける観光開放の負の影響を見たことによると考えられている。すなわち、ネパールには、伝統文化を尊重せずグローバルな思想を持ち込むヒッピーや、経済的にも貢献しないバックパッカーが数多く入って来ることによって、伝統文化の喪失や自然環境の破壊など観光のマイナス面だけを残していったという認識がブータン人にあるということである。それに対して、高い料金設定を行うことにより、安易な気持ちで訪れるヒッピーやバックパッカーを排除し、ブータンの伝統文化や自然環境を尊重してくれる、どうしてもブータンに来たい旅行者のみが訪れるようにするという狙いである。

１９７０年代、地理的に近いネパールの首都カトマンズは、インドを旅したバックパッカーたちが立ち寄るオアシスのような場所だった。その状況に危惧を感じたのだろう。ブータンは世界でも例のない、独自の観光戦略を選択したのである。

時は冷戦時代であり、国営の旅行会社が外国人旅行者をコントロールする発想は、旧ソ連のインツーリストなど、共産圏の国々における類似の制度に倣《なら》ったのかもしれない。だが、環境問題を理由に、１９７０年代の段階でこうした制度を打ち出したのは、結果として、驚くべき先見の明だった。

「ロー・ボリューム、ハイ・クオリティ」政策は、表現を変えたラグジュアリーツーリズムと言ってよかった。

後にそれを象徴することになるのが、２００４年、初めてブータンに開業した外資系ホテルがラグジュアリーツーリズムを代表するアマンリゾーツだったことである。

エイドリアン・ゼッカは、神秘の王国にアマンリゾーツを開業するため、着想から開業まで20年の歳月をかけた。土地の取得だけで5年かかったという。長年の交渉の結果、国外からの投資が初めて認められたのだ。アマンリゾーツで、ゼッカが開発にこれだけの年月をかけた案件は、ブータンと京都しかない。

ブータン国内のパロ、ティンプー、プナカ、ガンテ、ブムタンの5ヶ所のロッジからなるのが「アマンコラ」だ。周遊を前提としたリゾートで、5軒を総称したネーミングが「アマンコラ」なのである。

アマンリゾーツは、インドネシアでも、バリ島にアマンダリ、アマン・ヴィラ・ヌサドゥア（旧アマネム）、アマンキラ、アイランドリゾートのアマンワナ、ボロブドゥール寺院に隣接したアマンジウォの5軒を展開していて、これらを巡る周遊のコンセプトを打ち出しているが、それをより極めたスタイルである。

先に紹介した公定料金は、いわば最低料金なので、外資系ラグジュアリーホテルでは、もちろん追加料金が発生する。

公定料金制度は、１９７４年から２０２０年、コロナ禍により入国を規制するまで続いた。

そして、2022年9月、再び観光客を迎え入れるにあたり、この制度を大幅に見直した。公定料金制度を廃止し、そのかわり、これまで公定料金に含まれていた65米ドル（約9500円）の「観光税（持続可能な開発費用、Sustainable Development Fee／SDFと呼ばれる）」のみ、1日あたり一律200米ドル（約2万9000円）を徴収することにしたのである。

つまり、実際の旅費に追加して1日ごとに200米ドルが追加されるということだ。これまでと比較すると、実質3倍以上の値上げだった。

このニュースは、日本のメディアでも報道された。

コロナ禍からの観光業の復興は、どの国においても課題だったところ、小国の大胆な観光税の値上げは驚くべき挑戦だったからだ。

だが、この政策は、いささか大胆すぎた。

2023年の観光客数は、1～8月までで約6万人と、コロナ禍前の2019年の約31万6000人と比較して大きく減少してしまった。その結果、税収自体もコロナ禍前の15％程に減少した。コロナ禍からの復活を期待していた国内の観光業者に打撃を与えたのみならず、ブータンの観光資源を守ることにも影響を与えてしまった。観光税は、自然保護や観光地の清掃など、観光の持続可能な取り組みに限定して使われる資金だったからだ。

そこで2023年9月、半額の100米ドル（約1万5000円）に減税する期間限定措置が発表された。

長年ブータンを旅してきた養老孟司氏が、コロナ禍後、ブータンを再訪するNHK BSのドキュメンタリーが2024年の1月3日に放映されたが、その中で、懇意のガイドが観光業の不振で母国を離れるエピソードが語られた。背景にあったのが、観光税の値上げだったに違いない。増税は、賢明な観光政策をとってきたブータンの勇み足だった。

陸路での入国者が多い隣国のインドだけは、長年制度の対象外で、入国が無料だったが、2022年からは1日1200ルピー（約2100円）の税金が課せられるようになった。以後、インドからの観光客も減っているという。

200米ドルはやりすぎだったとはいえ、従来の65米ドルでも、1日あたりの税金としてはかなりの高額だ。日本の出国税が1回1000円、京都や東京など一部の自治体が設けている宿泊税が1泊100〜1000円であることと比較すれば、驚くべき数字である。

だが、ブータンでは、少なくともこの金額は長年受け入れられ、観光業が発展してきた。つまり、この金額を受け入れる旅行者だけで、観光業を成り立たせてきたのである。そこにブータンの観光戦略の先進性がある。

1日100米ドルが妥当な料金として受け入れられるのか。ブータンの観光は、まさに正念場を迎えている。


ラグジュアリーエコツーリズムで成功しているボツワナ

もうひとつ、ラグジュアリーエコツーリズムに特化した観光戦略の例として、アフリカのボツワナを取り上げたい。

南部アフリカの内陸国。ダイヤモンドの産出国でもあり、経済が安定し治安も良い。ダイヤモンドと並ぶ主要産業が、恵まれた自然環境を生かした観光なのだ。

南アフリカのシンギータを取材した後、ラグジュアリーサファリの魅力と奥深さに魅せられた私が、足繁く通った国でもある。

特に多くのラグジュアリーサファリロッジがあり、野生動物の宝庫として知られているのが、世界遺産でもあるオカバ

上空から見たオカバンゴ・デルタ。著者撮影

ンゴ・デルタだ。

オカバンゴは、世界最大の内陸にある湿地帯である。

そこが野生動物の宝庫である理由は、周辺に水がなくなる乾季に隣国のアンゴラから水が流れ込み、このエリアに野生動物が集まるからだ。乾季に水がやって来る理由は、平坦な土地なので水の流れが遅いためである。

先にペルーのマチュピチュとの比較で紹介したが、日本での知名度は低いものの、世界のラグジュアリートラベラー、特にエコツーリズムに興味のある人たちには、絶対的な知名度と人気を誇る。世界遺産でもあると紹介したが、２０１４年の登録以前から、ラグジュアリーエコツーリズムの市場ではキラーコンテンツだ。

ボツワナには、このほか世界最大の塩湖であるマカディイカディパンもある。オカバンゴ・デルタほどではないが、同じくラグジュアリーサファリロッジがあり、ラグジュアリーエコツーリズムの目的地になっている。

ボツワナの場合は、ブータンのように厳格な入国規制や観光税制度がある訳ではない。だが、国としてエコツーリズムを推進し、それを実践できるオペレーターが意識の高いラグジュアリーサファリロッジであることで、結果的に国の観光がラグジュアリーエコツーリズムに特化している。

制度としてあるのは、「ボツワナ・エコツーリズム認証システム」というサファリロッジのオペレーターを評価するシステムだ。

その目的として、次の5つの項目があげられている。

（1）社会的、文化的、環境的な影響を最小化する。
（2）観光客を受け入れるコミュニティへの経済的利益の対等な分配を最大化する。
（3）保護保全（コンサベーション）に対して再投資できる利益を最大化する。
（4）自然、文化的資源のコンサベーションの重要性について、訪問者と地元の人たちの両方に教育する。
（5）観光客に価値ある体験を届ける。

これらの条件の達成度に応じて、「グリーン」「グリーン＋」「エコツーリズム」と3つの評価基準が設けてある。最高レベルの「エコツーリズム」では、これらに対応する施設とあわせて、地元コミュニティと共に観光開発、自然保護、環境マネジメント、およびゲストに対して周辺環境に対するインタープリテーション（「通訳」の意味から派生して、自然と人をつなぐこと）の実施が求められる。

「エコツーリズム」認証を受けている宿泊施設には、きら星のごとく、ラグジュアリーサファリロッジが名前を連ねる。

&ビヨンド・サンディベ・オカバンゴ・サファリロッジ、アブ・キャンプ、リトル・ブンブラ・キャンプ、モンボ・キャンプ、キングス・プール・キャンプ、ジャオ・キャンプなど。ラグジュアリートラベラーには、憧れの存在として、有名なところばかりだ。

運営会社はウィルダネス、&ビヨンドなど、南アフリカに拠点を持つ大手が多い。

興味深いのは、評価基準に施設の快適さや豪華さは全く含まれていないのに、結果的に建築やインテリアのデザインも素晴らしく、快適性にも優れたラグジュアリーサファリロッジが選ばれていることである。

ボツワナのラグジュアリーエコツーリズムが優れているのは、これらのサファリロッジを巡る交通インフラも整っている点にある。

ボツワナ国内のエコツーリズムを実践する地域で、陸路のアクセスが可能なのは、チョベ国立公園の一部に限られ、それ以外は、国際空港のあるマウンという都市を起点に小型機で結ばれる。

ほとんどのラグジュアリートラベラーは、首都のハボローネには立ち寄らず、玄関口となる南アフリカのヨハネスブルグからマウンに直行する。各ロッジには隣接して、滑走路だけのエアストリップがあり、観光客もスタッフの移動も必要な物資も全て小型機で運ばれる。

小型機は「シーテッド・チャーター」と呼ばれる方法で運航される。各ロッジの宿泊予約の状況に応じて、フライトと乗客を割り振るのだ。通常の「スケジュールド・フライト」とは異なり、便名はなく、事前に発着時間もわからない。

オカバンゴ・デルタでは小型飛行機が唯一の交通手段。著者撮影

到着時はマウンの空港でフライトが割り振られ、宿泊先では前日に翌日の出発時間が知らされる。朝夕のサファリが最大の目的であるから、移動はサファリの参加に支障がない時間帯になるよう配慮されている。

辺境地のラグジュアリーロッジに多い「チャーター」ではないメリットとして、相乗りなので料金が割安になり、環境負荷も抑えられることがあげられる。「シーテッド・チャーター」は、ボツワナでしか見たことのない特異なシステムで、隔絶されたエリアのラグジュアリーエコツーリズムが観光の主役だからこその発想である。

オカバンゴ・デルタには多くのラグジュアリーサファリロッジがあると言ったが、世界最大の湿地は広大で、それぞれの間に道路はなく、喩《たと》えるならばモルディブのアイランドリゾートのように、それぞれは孤立している。

注目すべきは、ロッジの立地と季節によって、水の状況が異なることだ。

そして、その状況に応じて、提供されるアクティビティが異なる。

水の全くないロケーションでは陸上のゲームドライブ、水位の高いロケーションではボートサファリや「モコロ」と呼ぶ伝統の舟での遊覧が楽しめる。水辺と陸上のアクティビティが両方可能なロッジもあり、ボツワナを手配する旅行会社などでは、各ロッジにおける月別の水辺と陸上のアクティビティの割合をパーセンテージで表示したりする。

オカバンゴ・デルタを旅する人たちは、1ヶ所で長期滞在するのではなく、異なるアクティビティの楽しめるロッジを周遊するのが一般的だ。そうした楽しみ方を支えているのが「シーテッド・チャーター」でもある。

ブータンの「アマンコラ」は5軒全体で、ひとつのホテルブランドを構成し、担当者がゲストの希望を聞きながら、滞在中の日程を作成していく。

ボツワナでも、ほとんどのロッジは、直接の予約を受けず、旅行会社や自社の旅行運営部門の担当者を通して、全体のスケジュールを作成する。そのため「シーテッド・チャーター」という特異なフライトのスタイルが成立するのである。

オカバンゴ・デルタでの体験は、どれもが忘れがたいが、とりわけ印象に残っているのが、ウィルダネスのモンボ・キャンプである。

年間を通して、ここは陸上のゲームドライブがメイン。オカバンゴならではの水辺のアクティビティはできないが、野生動物との遭遇率が高く、アフリカで最もすばらしいゲームドライブができる場所として知られる。特にライオンやレパードなどの肉食獣が多く、私も獲物を仕留めるシーンなどを見ることができた。

モンボ・キャンプは、オカバンゴ・デルタの中で料金的に最も高いロッジのひとつだが、その大きな理由が、野生動物の観察に最適なロケーションにある。

現地で、それを物語るエピソードを聞いた。

私が訪れたのは、2000年代の後半だったと記憶するが、ちょうどその頃、2006年にBBCとNHKが共同制作したドキュメンタリー『プラネットアース』の放映があり、ライオンの群れがゾウを仕留めるシーンがあって、レアな映像だと話題になっていた。

それを収録したのが、なんとモンボ・キャンプのプライベート・コンセッション、すなわちゲームドライブをするエリアだったのだ。

ラグジュアリーサファリロッジの魅力は、本物の「冒険」が付随することだが、モンボ・キャンプでは、世界の視聴者が固唾をのんで視聴する一流のドキュメンタリーの取材チームと同じ大自然を目の当たりにすることができるのである。これ以上の贅沢があるだろうか。

それが、ボツワナのオカバンゴ・デルタなのだ。

サファリツーリズムでは、規模的にも歴史的にもケニアの存在が大きい。だが、ケニアはラグジュアリーエコツーリズムには特化してこなかった。

個別では、エコツーリズムを実践するラグジュアリーサファリロッジもあるし、タンザニアのセレンゲティ国立公園と接するマサイマラ国立保護区は、ヌーなどの野生動物の大群が年間を通して回遊する「セレンゲティ・エコシステム」の一部として知られている。

だが、ほとんどの国立公園は陸路で結ばれ、大型の宿泊施設も多い。観光客は、良くも悪くも、野生動物の生息するエリアにアクセスしやすく、その数もコントロールされていない。そのため、人気の国立公園では、しばしば1頭のライオンがあらわれると、何台もの車が押し寄せ、渋滞が生じてしまうことがある。

その点、ボツワナでは、野生動物の一群に対して、車は3台までというルールがある。ラグジュアリーサファリロッジの数は多くても、1軒ごとは10～20室の規模なので、同じエリアに車が集結することもない。

ライオンにかかる負荷は、ボツワナのほうが少ないのである。

そして、1人あたりの単価は高いから収益も充分に上げられる。これがラグジュアリーエコツーリズムなのだ。

オーバーツーリズム脱却のための基準作りを

日本のインバウンド戦略は、訪日観光客の数ばかり追いかける傾向があった。

この戦略は、観光客の集中がもたらすオーバーツーリズムの問題を招いてしまう。実際、コロナ禍以後、急速な海外からの観光客数の回復を得て、大都市や人気観光地での深刻なオーバーツーリズムが指摘されている。

もちろん、ブータンのように高額の観光税を課すことは現実的ではないだろう。

だが、たとえば「ボツワナ・エコツーリズム認証システム」の掲げる評価基準は、どの国や地域にもあてはまることだ。この基準をクリアした宿泊施設が、ラグジュアリートラベラーから高い評価を受けていることは、ボツワナの特異な自然環境を差し引いても、注目すべきではないだろうか。

ブータンやボツワナのような小国と日本では状況は異なるだろうが、これらの国に匹敵するような自然と文化の魅力は日本にもある。

それらを正当に評価してくれる観光客を誘致し、1人あたりの単価を上げていく努力は、サステナブルな日本の観光のために必要なことだと思う。

第六章

ローカリズムと地方創生

グローバリズムに変化を与えるローカリズム

新しいラグジュアリーを象徴するもうひとつの特徴として、旧型ラグジュアリーのグローバリズムに対するローカリズムがある。

世界中どこでも同じようなフラットなラグジュアリーではなく、その国や地域の独自の文化や自然に根ざしたラグジュアリーである。

旧型ラグジュアリーのグローバルな価値基準は、たいてい欧米の都市文化におかれてきた。アパレルやコスメティックスのブランドでは、特にパリやロンドン、ミラノ、ニューヨークから情報が発信され、世界の人たちは、それに憧れて高級ブランド品を手にした。

ホスピタリティ産業においては、世界共通の価値観を創出し、グローバル戦略に成功したのは、主に北米拠点のホテルチェーンだった。

代表格としてあげられるのが、フォーシーズンズやザ・リッツ・カールトンである。さらにパークやグランドといったラグジュアリーラインを加えることでハイアットも台頭した。

グローバルな多店舗展開を可能にしたのが所有と経営を分離し、運営会社に特化したことである。

ラグジュアリーホテルの発祥は、かつて城や宮殿が果たした機能の代替であると、第一章で解説した。それらはヨーロッパ由来であり、本物の城や宮殿だったものを含め、歴史と伝統のあるホテルがパリやロンドンなど、ヨーロッパの大都市には数多ある。

だが、それらの多くは一軒のみの独立系ホテルで、グローバリズムの波に乗り多店舗展開は行わなかった。先にあげた所有と経営の分離が行われなかったのが主な原因である。

日本の多くの歴史と伝統あるホテルおよび旅館も同じだった。

ちなみに、日本で運営会社に特化することで躍進したのが星野リゾートである。

ラグジュアリーホテルにおけるアマンリゾーツの登場は、アジア発のラグジュアリーリゾートという潮流の先鞭《せんべん》となった。北米系のホテルチェーンが席巻していた業界に脱欧米のエキゾティシズムは新風を吹き込んだ。

都市ホテルでは、エイドリアン・ゼッカもかかわったリージェントが、アジア発のラグジュアリーブランドの先がけだった。

その後、香港に本拠地をおくマンダリン・インターナショナル・ホテルズが１９７０年代に買収したタイ・バンコクの名門クラシックホテル、オリエンタルホテルの名前も冠するかたちで１９８５年に社名をマンダリン・オリエンタル・ホテルグループとし、ラグジュアリー市場にマンダリン・オリエンタルのブランドを確立していく。

バンコクのオリエンタルホテルと並ぶ名門クラシックホテルのザ・ペニンシュラが香港に最新鋭のタワー棟を開業したのが１９９４年。その後、香港以外でホテルを展開するようになる。

このほか１９７１年にシンガポールに開業したシャングリ・ラ・ホテルも、シャングリ・ラ・ホテルズ＆リゾーツとして、１９８０年代以降、本格的に多店舗展開に乗り出した。これらアジアのラグジュアリーホテルは、その後、欧米にも進出するようになり、２０００年代以降、ラグジュアリーブランドの一大勢力になっていく。ローカリズムの台頭から始まり、欧米主体のグローバリズムに変化を与えたものと言えるだろう。

２０００年代以降、アフリカのラグジュアリーサファリロッジが人気を博した状況においても同じことが言える。ローカリズムがグローバリズムを変えていくということだ。

大都市圏に集中しているインバウンド

ローカリズムは、ホスピタリティ産業においては、世界中どこでも同じものに価値をおくグローバリズムとの対比で語られると同時に、観光の目的地が、大都市や有名観光地から地方や自然豊かなエリアに変わっていくことも意味する。

だが、日本では、まだまだインバウンドの観光客は大都市圏に集中している。

２０１９年の観光庁「訪日外国人消費動向調査」によれば、インバウンドの都道府県別訪問者数は、１位の東京都が年間約１４１０万人、２位の大阪府が約１１５２万人、３位の千葉県が約１０４８万人、４位の京都府が８３０万人と続く。大都市圏が圧倒的に多い。

同じく消費額で見ると、１位の東京都が１兆５３８８億円と突出して多く、２位の大阪府が８４６８億円、３位の北海道が２８８８億円、４位の京都府が２７９４億円となっている。

訪問者数では８位の２３９万人の北海道が上位に食い込んでいるのは、ニセコなどのスノーリゾートに高額な消費を後押しするラグジュアリーな宿泊施設が充実していて、滞在も長くなる傾向があるからだろう。

訪問者数で見ると、たとえば14位以下は年間１００万人以下、最下位の５県は10万人以下、消費額では、その差はもっと開いており、29位以下は１００億円以下であり、首位の東京都とは１５０倍以上の差となっている。

つまり、日本のインバウンドブームとは、ごく一部の大都市圏でおきている出来事ということであり、その結果、オーバーツーリズムの問題が生じているのだ。

２０１９年の訪日外国人客は、観光庁の数字によれば、全体で３１８８万人だった。

2023年の訪日外国人客は約2506万人だった。

東京や大阪に観光客が集中している状況を見れば、都道府県別訪問者数もさほど大きな変化はなく推移することが予測されている。

だが、変化の兆しはいくつかある。

たとえば、ニューヨークタイムズ紙の「2023年に行くべき52ヶ所」では岩手県の盛岡市が2位、「2024年に行くべき52ヶ所」では山口県の山口市が3位に選ばれた。

2023年は、ロンドンに次いでの2位、2024年は、北アメリカで見られる皆既日食、パリに次いでの3位だった。

これらのニュースは、いずれも大きな話題を呼んだ。

ちなみに2019年の都道府県別訪問者数のランキングでは、岩手県は39位、山口県は35位である。

ポイントは、海外の記者が盛岡や山口を「発見」してリポートしたものが高く評価されたことにある。この事実は、日本の地方には、とてつもない潜在的魅力があるということを意味している。第二の盛岡や山口は、日本国内にいくらもあるだろう。

もうひとつ、2023年の大きなニュースは、鳥取砂丘にマリオット・インターナショナルのリゾートが２０２６年に開業すると発表されたことだった。１室６万～10万円のラグジュアリートラベラー向けのホテルだという。

盛岡や山口と同様、なぜ鳥取砂丘なのか、といったニュアンスの報道が多かったように思うが、世界的に見ても砂丘とラグジュアリーホテルは相性が良い。

アフリカではナミビアのナミブ砂漠、サハラ砂漠があるモロッコ、チュニジアなどに、多くの砂漠リゾートがある。アジアでもベトナムのムイネーが知られており、規模的にさほど大きくない砂丘であることと、アジアの文化とのコラボレーションは、鳥取砂丘と共通点がある。鳥取砂丘のリゾート開発はむしろ遅すぎたくらいだ。

鳥取県も２０１９年の都道府県別訪問者数ランキングでは38位である。

海外の目から評価される日本のローカル

このほか、私が潜在的な可能性を感じる都道府県は、ランキングで45位の島根県だ。

かつてラフカディオ・ハーンが暮らした城下町、松江は、独特な日本情緒がある。宍道湖《しんじこ》に沈む夕陽の美しさもさることながら、ことさらに印象に残っているのが「月照寺《げっしょうじ》」という寺だった。

何とも神秘的な雰囲気の寺で、ハーンは著書に夜になると巨大な亀の石像が動き出すという随筆を書いている。この地の文化に触発され多くの怪談を作品化したハーンの世界観は、『ゲゲゲの鬼太郎』で有名な境港市出身の漫画家、水木しげるの世界観にも通じる。

インバウンドブームの以前から、ことあるたびに海外で日本のおすすめを聞かれると、私は松江と月照寺の話をしてきた。明治時代にハーンが魅せられた松江も今後、ブレイクの予感がある都市のひとつではないだろうか。

島根県には、ほかにも魅力的な目的地がある。

そのひとつが、アメリカの日本庭園専門誌『ジャーナル・オブ・ジャパニーズ・ガーデニング』が、２０２３年で21年連続「日本一美しい庭園」に選出している「足立美術館」である。これもまた、評価しているのは海外のメディアであることが興味深い。

さらにもうひとつが、離島の隠岐《おき》諸島である。

隠岐諸島は、空港のある隠岐の島町を含む島後と、船でしかアクセスできない島前があるが、私が注目するのは、より不便な島前の海士町《あまちょう》である。

海士町のある中ノ島、西ノ島、知夫里島《ちぶりじま》が、穏やかな内海を囲む島前カルデラを形成する独特の地形、後鳥羽上皇の流刑地だった歴史、近年は島留学で再生した隠岐島前高校が有名で、若い移住者が多いことでも知られる。

この海士町に２０２１年、開業したのがＥｎｔô《エントウ》である。地元の自治体による第三セクターの宿泊施設が、改装増築と独創的なネーミングを冠した新しいコンセプトにより、ラグジュアリーリゾートに生まれ変わった。

Ｅｎｔôとは文字どおり「遠島（遠い島）」の意味。さらに「島流し」という意味もある。また、最後の一文字「Ｏ」は地球、その上の「^（サーカムフレックス）」は、Ｅｎｔôのある島前の水平線に浮かぶ島を表現している。

絶景の多い隠岐諸島。西ノ島の景勝地、通天橋。著者撮影

隠岐は地質学的にも興味深いところで、隠岐ユネスコ世界ジオパークになっている。宿は、その拠点としての機能もあわせ持ち、ミュージアムスペースもある。

中ノ島までは、松江市の七類港または境港市の境港から高速船で約2時間、フェリーで約3～4時間。高速船は冬季運休の季節運航で、冬はフェリーも運休することが多い。現代においても、空港のない中ノ島は本当に遠い。だが、その遠さこそが魅力になっている。

Ｅｎｔôの開業により、明らかにこれまでと異なる客層が島を訪れるようになったという。ラグジュアリーリゾートでの滞在を目的とした首都圏からの旅行者だ。

世界における知名度はまだまだだが、日本的な魅力に満ちたアイランドリゾートは、今後必ずや世界のラグジュアリートラベラーを引きつけるに違いない。

「遠い」「不便」を「冒険」に転化する

日本のインバウンドが大都市に偏っているのは、「遠い」「不便」ということに対して、日本人が必要以上にネガティブに捉えていることも理由のひとつではないだろうか。

海士町は、もともと島おこしの移住が盛んで、島留学によって、廃校寸前だった高校が再生した実績があった。「遠い」「不便」が、必ずしも対外的にネガティブな要素にならないことを島の人たちが理解していたからこその挑戦だったのかもしれない。

だが、日本の地方でこうした考え方ができる人たちはまだ多くない。

「遠い」「不便」は、「冒険」というニーズを前提にすると、むしろ魅力に転化する。

第四章で取り上げたインドネシアのニヒ・スンバが高い評価を受けた背景として、玄関口であるバリ島のデンパサールから半日近くかかる距離が、むしろ魅力になっていることがあげられると思う。

先にあげたマリオットの鳥取砂丘におけるプロジェクトでも、発表時の報道で、市内からのアクセスなどの不便さを懸念する地元の人たちの声があった。それも、おそらく高級ホテルは都市の中心にあるという先入観ゆえだろう。

「遠い」「不便」は、目的地に唯一無二のロケーションや付加価値があれば、その道のりは「わくわくする時間」となるので、問題ないのである。

そして「遠い」「不便」がネガティブな要素にならないもうひとつのポイントが、長期滞在である。1泊2日の旅行であれば、近くて便利なところがいい。だが、目的地に何泊もするのであれば、往復に時間がかかっても問題ない。

インドネシアのニヒ・スンバは、最低3泊以上（ハイシーズンは最低5泊以上）からしか予約を受けていない。長期滞在が前提なのである。

だが、日本の宿泊施設は、1泊2泊、それも夕食を最大のイベントとする1泊2食を前提とするところが多いのは第三章でふれたとおりである。旅行全体の日程が長いことと、旅の目的が「食」と「温泉」以外にあることを理解する宿が少ないのだ。

こうした状況が、日本の地方を旅することを望む旅行ニーズに合致していないと、インバウンドのラグジュアリートラベラー向けの旅行手配を行うデネブの永原聡子代表は指摘する。

「地方に案内してほしいというニーズはとても多いのですが、ラグジュアリートラベラーに対応できる宿が少ないのが悩みです。食事について言うと、懐石料理を提供している場合なかなか連泊には対応しづらいこと、ヴィーガンなどへの対応が困難なこと、などがネックになる場合が多いです」

インバウンドを地方に誘致するには、「遠い」「不便」をネガティブなものとする既成概念を取り払い、長期旅行を前提とした旅のあり方を考える必要があるだろう。

自由な移動を阻む、空と海の法的規制

さらにもうひとつ、日本で「遠い」「不便」をポジティブに転化できない理由として、空と海の法的規制がある。

まずはヘリコプターの自由な運航を妨げている航空法の第79条である。

ヘリはラグジュアリートラベラーの移動手段として世界的に普及している。ヨーロッパなどでは、不便な立地にあるラグジュアリーホテルやガストロノミーレストランでは、住所とあわせてヘリ離着陸のための情報が記載されているところが少なくない。

だが、日本ではヘリポートとして許可を受けたところ以外では離着陸できない。

その理由となっているのが航空法の第79条なのだ。航空機（国土交通省令で定める航空機を除く）は、陸上にあっては空港以外の場所において、離陸し、又は着陸してはならない。国土交通大臣の許可を受けた場合はこの限りでないとされ、括弧内の例外として、航空法施行規則第１７２条には「法第七十九条の規定により、国土交通省の定める航空機は滑空機をいう」と定めてある。

滑空機とはグライダーのことである。

なぜ一般的ではないグライダーに例外が認められ、ヘリに適用されないのか。

日本では数少ない独立系のヘリ・小型機の運航会社であるアルファーアビエイションの齋藤健司専務取締役が理由を説明する。

「戦後まもなく制定された日本の航空法は、１９４３年のアメリカの航空法を翻訳したものだからです。ヘリの登場は朝鮮戦争以降。ヘリがない時代の法律だから、例外規定がグライダーだけなんですよ。ヘリの飛行に関しては、ほとんど制限がないのに、離着陸が自由にできない。離着陸の機動性こそがヘリの特性なのにおかしな話です」

そのため、日本ではヘリは遊覧飛行などが主で、ラグジュアリートラベラーの自由な移動には本格的に活用されていない。

「もちろん警察、自衛隊、海上保安庁などは例外ですし、消防から依頼されて飛んでいるドクターヘリもどこにでも離着陸できます。東日本大震災の時は、1ヶ月ほど、どこでも降りていいという許可の特例が出されたこともあります。しかし、日常では民間の自由な利用はなかなか難しい。日本ではヘリの運航会社のほとんどが大企業の子会社で、うちのような独立系が少ない理由でもあります」

ヘリの機動性は、大自然に囲まれた不便な地域において、より本領を発揮する。

たとえば、ヘリを駆使したリゾートとして、その衝撃的なスケール感に驚かされたのがカナダ西海岸にあるニモベイというリゾートだった。

バンクーバー沖に浮かぶ大きな島、バンクーバーアイランドの北端にあたるポート・ハーディーの対岸あたりから北に延びる海岸線は、グレート・ベア・レインフォレストと呼ばれ、手つかずの温帯雨林が広がる。

道路の通じていないこのエリアにニモベイはある。そのため、リゾートへのアクセスはポート・ハーディーからのヘリと水上飛行機のみなのである。

しかも、ヘリは送迎に使われるだけでない。ヘリハイキングや野生動物ウォッチングといったアクティビティにも活用されている。

なかでも高い人気を誇るのが、ヘリフィッシングだ。ヘリを使って縦横無尽に人の手の入らない森の清流に降り立ち、フライフィッシングを楽しむのだ。北米の釣りマニアの間で、ニモベイが伝説的な憧れの宿になっている理由である。

２０２３年に栃木県が成田空港などから奥日光までヘリで移動し、ザ・リッツ・カールトン日光に２泊するツアーを４００万円で売り出し、一件も成約がなかったことがニュースとなった。奥日光はニモベイと同じく、フライフィッシングが盛んである。もし航空法が改正になり、縦横無尽に清流に降り立てるヘリフィッシングが奥日光でも可能になったら、高額なツアーでも販売できるに違いない。

Nimo Bay ではヘリコプターを活用したアクティビティが人気。©Nimo Bay

さらに船舶の航行を巡る規定がある。

プライベートヨットなど、プレジャーボートの専門誌である『パーフェクトボート』を出版する株式会社パーフェクトボートの木島貴之代表取締役社長は、次のように指摘する。

「日本の市場で主流なのは、全長24m未満のクルーザーなのに対して、世界の超富裕層は全長30～100mほどのスーパーヨットやメガヨットと呼ばれるクラスが主流で、世界各地を周遊することが可能なものが多いです。日本でこうしたメガヨットが普及していないのは、日本では24m未満の船は小型船舶と呼び、小型船舶免許で操縦できるのですが、それ以上の大きさになると航海士と同じ資格が必要だからです。メガヨットは、日本の法律上、大型のコンテナ船やクルーズ船などと同じ扱いになるのです。また、外国人による日本船籍の小型船舶やスーパーヨットの所有も認められていません。今後の課題としては、しっかりとした海外の免状をもつ外国人船員に日本の船舶の操縦を認めることや、日本で船舶を所有したい海外富裕層が購入登録できる制度への変更が望まれます」

プレジャーボート等のラグジュアリーの消費を日本のシステムはまだ想定していない部分が多いのだ。ただし、日本の船舶を巡る制度上の問題点については近年、大幅に改善された。

海外から日本に来航するスーパーヨットのコンシェルジェ・船舶代理店であるSYLジャパン株式会社の稲葉健太代表取締役は次のように説明する。

「以前は、外国船籍のスーパーヨットに関しては、日本に寄港するために、煩雑な書類の手続きをしなければなりませんでした。いったん入港した後も、次の港に入るためには同じような手続きが必要であったため、日本はスーパーヨットを運航するキャプテンから不人気だったのです。天候やその日の気分にあわせて自由に航行できるのがプライベートヨットの魅力なのに、全く本末転倒。鎖国状態でした」と振り返る。

ヘリの場合と同じく、ラグジュアリートラベラーが好む「遊び」を目的とした自由な移動が認められていなかったのだ。

しかし、同社を中心に２０１５年の国家戦略特区への申請をはじめ、スーパーヨットの規制緩和の活動を進めた結果、２０２１年末にラグジュアリー観光議連が設立され、外国船籍のスーパーヨットに関する制度が緩和された。現在では日本の国内移動に関する制度は、ほぼ地中海沿岸諸国と同程度にまで改善されているという。

改善の芽は少しずつ出てきているものの、四方を海に囲まれた日本の地理的なメリットを生かし、メガヨットを所有する国内外の富裕層からクルージング先として選ばれるためには、今後さらに制度面を改善すると共に、受け入れのマリーナ等の港湾施設整備、海外へのプロモーションなどが必要だと、稲葉氏は指摘する。

ラグジュアリーエコツリーズムで注目される国立公園

さらに大都市ではなく地方が注目される観光と言えば、エコツーリズムを忘れてはならない。自然の中で楽しむことが主体のエコツーリズムは、必然的に目的地が大都市ではなく地方になる。つまり、エコツーリズムの浸透は、おのずと観光客の大都市偏重を解決することになるのだ。

なかでも注目すべきは、国立公園の活用だろう。

日本の誇るべき美しい自然のほとんどは、国立公園の中にあるからだ。

その積極的な活用を目的として環境省が２０１６年から始めた取り組みが「国立公園満喫プロジェクト」である。設立趣旨として以下が掲げられている。

国立公園の保護と利用の好循環により、優れた自然を守り地域活性化を図ります。

1．日本の国立公園のブランド力を高め、国内外の誘客を促進します。利用者数だけでなく、滞在時間を延ばし、自然を満喫できる上質なツーリズムを実現します。

2．地域の様々な主体が協働し、地域の経済社会を活性化させ、自然環境への保全へ再投資される好循環を生み出します。

設立時に選出されたのが、阿寒摩周《あかんましゅう》国立公園、阿蘇くじゅう国立公園、十和田八幡平国立公園、日光国立公園、伊勢志摩国立公園、大山隠岐国立公園、霧島錦江湾国立公園、慶良間《けらま》諸島国立公園である。その後、外国人利用者数が上位を占める支笏洞爺《しこつとうや》国立公園、富士箱根伊豆国立公園、中部山岳国立公園などが加わり、全12公園が対象となっている。

このラインナップの中に日本の至宝とも言える自然が網羅《もうら》されている。

たとえば、大山隠岐国立公園には、先に紹介した隠岐諸島の海士町が含まれる。支笏洞爺国立公園や中部山岳国立公園には「ジャパウ（ジャパン・パウダースノー）」として世界的に評価の高いスノーリゾートが含まれる。沖縄の慶良間諸島国立公園に広がる海域には、アジアでトップレベルの美しさを誇る珊瑚礁がある。

実は、慶良間諸島の美しさが世界レベルであることを「発見」し「発信」したのは、環境省よりもフランスの『ミシュラン・グリーンガイド』が早かった。国立公園に指定されるより先に『グリーンガイド』の2つ星に選ばれ、欧米人観光客が激増していた。

北欧から来た若者と私が出会ったのは、民泊スタイルのダイバー宿だった。早くから英語のウェブサイトを整備した以外、外国人観光客向けに特別なことをしていた訳ではない。それでも、日本へのインバウンドが激増する前の2015年当時、すでに宿泊者の外国人比率が9割を超えていた。

海の美しさと素朴な島の佇《たたず》まいに満足していた彼の言葉が忘れられない。

「タイのプーケットに行こうと思ったけれど、有名で観光地化されているから、ここに来たんだ。期待以上に素晴らしい。来て良かった」

若い彼はシンプルな宿に満足していたけれど、慶良間諸島に小規模でサステナブルなラグジュアリーリゾートがあったなら、まさに日本の国立公園のブランディングに寄与するに違いない。

2023年、環境省は国立公園に高級ホテルを誘致し、質の高い自然体験の提供をめざす方針を打ち出した。これにより日本の国立公園のブランディングを図るという。

誘致するのであれば、大都市にあるような大型ホテルではなく、ラグジュアリーエコツーリズムを実践する上質なリゾートであってほしい。

国立公園が生まれた国であるアメリカでは、高い人気を誇るアイコニックなホテルがいくつかある。グランドキャニオン国立公園のエルトバホテル、ヨセミテ国立公園のアワニーホテル、イエローストーン国立公園のオールド・フェイスフル・インなどだ。

いずれも歴史あるクラシックホテルであると共に、国立公園内の最高のロケーションに建ち、ハイシーズンには1年前から予約が埋まる。インバウンドにも人気はあるが、それ以上にアメリカ人にとって、一生に一度は泊まりたい憧れの宿である。そもそも国有地として管理されているアメリカの国立公園では公園内の宿が限られている事情もある。

これらのホテルでダイニングルームに集う人たちの幸せそうな笑顔が忘れられない。念願の夢が叶った喜びと最高の大自然の中にいる至福に彼らは満たされていた。

だが、食卓のテーブルにあったのは、無骨な感じのアメリカ料理だった。

日本の女性誌で取材に行った時、料理撮影でカメラマンがシャッターを切るのを躊躇《ちゅうちょ》していたことをよく覚えている。日本人が満足する「ご馳走」ではなかったからだ。

だが、国立公園の宿というのは、基本はそれでかまわないのである。

求められているのは、最高の自然を「体験」することなのだから。

日本の国立公園は、アメリカと異なり、私有地も含まれるため、既存の宿泊施設も少なからずある。新規のホテル誘致に限らず、こうした宿をラグジュアリーエコツーリズムのニーズにあわせて整備していく方法もあるだろう。

たとえば、日本ホテル史の黎明《れいめい》となった2軒のクラシックホテルは、いずれも国立公園内にある。日光国立公園の日光金谷ホテルと富士箱根伊豆国立公園の富士屋ホテルだ。

かつては外国人が長期滞在し、周辺の自然を満喫した。現在はクラシックホテルの雰囲気と美食を求める日本人シニアが主な客層だが、アクティビティの開発などで、新たなインバウンドを誘致することは可能だろう。

日光金谷ホテルでは、かつて日光周辺にあった修験者の道が敷地内にもあるという。富士屋ホテルには、かつて敷地内から続くトレイルが整備され、富士山が望めることから途中の展望台は「フジビュースタンド」と呼ばれ、外国人客に親しまれた歴史がある。このルートは、複数の登り口がある浅間山への登山道のひとつであり、鎌倉時代の古道である湯坂路にもつながっている。

こうした道の整備や魅力の発信があれば、クラシックホテルが新たなラグジュアリーエコツーリズムの拠点となるかもしれない。

2023年の観光庁による「サステナブルな旅アワード」では、株式会社やまぼうし(Explore Hakone)というインバウンドをターゲットにしたアウトドアツアーの会社による「日本遺産・箱根八里で古の旅路の追体験～地元民の語りが深める箱根の歴史と文化～」が特別賞を受賞した。主なターゲットが知的好奇心にあふれたラグジュアリートラベラーであることは言うまでもない。

エピローグ
自分だけの世界で「本物」を「体験」する

ラグジュアリートラベルの商談会

ＩＬＴＭ（International Luxury Travel Market）という世界最大規模のラグジュアリートラベルの商談会がある。ホテルや現地オペレーター、観光局など、ラグジュアリートラベルを提供する出展者と旅行会社などのバイヤーがアポイント制の商談を行う。世界中から関係者が集まる12月開催のＩＬＴＭカンヌのほか、ＩＬＴＭアフリカ、ＩＬＴＭアジア太平洋、ＩＬＴＭラテンアメリカ、ＩＬＴＭ北米といった地域ごとの開催もある。

私がメディアとしてＩＬＴＭに初めて参加したのは２０１１年６月、上海で開催されたＩＬＴＭアジアだった。

当時はカンヌと上海の2地域で開催されていた。『アマン伝説』の取材を進めていた時期で、アマンリゾーツのエイドリアン・ゼッカが特別功労賞を受賞、授賞式が行われると聞いて、参加を決めたのだった。ＩＬＴＭは、個別の商談だけでなく、華やかなオープニングパーティーやこのようなイベントも開催される。

ラグジュアリートラベラーの誘致にいち早く積極的だったのが京都だった。

門川大作前京都市長がＩＬＴＭアジアを最初に視察したのは２０１０年にさかのぼるという。トップ自ら、肌感覚でラグジュアリーマーケットの重要性に気づいたのだろう。

その後、２０１３〜17年にＩＬＴＭジャパンが開催された。13年から15年までの３回の開催が京都だった。

この頃、京都のＩＬＴＭジャパンに参加したことがあるが、建仁寺で開催されたユニークベニュー（歴史的建造物や観光名所など特別な会場のこと）パーティーに着物であらわれた門川前市長が挨拶していた姿が印象に残っている。

アメリカの旅行雑誌『トラベル＋レジャー』で「ワールド・ベスト・シティ」に京都が２年連続で選出されたのが２０１４年と15年。ＩＬＴＭの影響は少なからずあっただろう。

コロナ禍を経て２０２３年12月のＩＬＴＭカンヌは、前年にもまして盛況に開催された。

参加国は83ヶ国、２１００人余りのバイヤーと２２９１の出展者が参加した。

とりわけ目を引いたのは、日本の出展者が63で、アジア太平洋地域で最多数を占めていたことである。ＪＮＴＯや東京観光財団などが共同出展を募ったことも背景にはあるだろう。

出展者は、いわゆるDMOと総称される観光局など、地域ごとに観光を促進する組織と大都市のホテルが多いのが特徴だった。京都、東京、大阪の都市ホテルが全体の3分の1近くを占める感じだろうか。

大都市に偏重しているJNTOの訪日外国人数のデータをそのまま反映している。日本のラグジュアリーツーリズムに対する関心の高まりを感じさせる半面、新しいラグジュアリーを志向するものではないようにも思われた。

より「プライベート」を重視するラグジュアリー観光の最前線

他の地域の出展者を確認していて、ひとつ気になったことがあった。プロローグで紹介した、私にとってのラグジュアリーの概念を覆した南アフリカのシンギータが出展していないことだった。

インバウンドのラグジュアリートラベルを手がけるデネブの永原聡子代表に聞くと、最近のILTMは「マスラグジュアリー」志向が強いという。

日本からの出展者の顔ぶれとシンギータの出展がないことの合点がいった。

「私たちが今注目しているのは、たとえばDo Not Disturbですね」

早速、検索してみると、シンギータはこちらに出展していた。

アマンリゾーツやフォーシーズンズなど、どちらにも出展しているブランドもあるが、明らかに傾向が異なる。

日本の出展は1社だけ。「Windows to Japan」というインバウンド向けの旅行代理店だった。CEOはアヴィ・ルガシという京都在住の外国人で、禅宗や弓道、陶芸や盆栽など多岐にわたる日本の文化や芸術に長けた人物である。

Do Not Disturb がめざすのは、「マス」の対極である「プライベート」である。

ウェブサイトの冒頭には、このようにある。


プライバシーは、常にラグジュアリーと同義です。

人里離れた邸宅、原始的な島とプライベートトヨットからエクスクルーシブな体験やホテルの全館貸し切りまで。プライベートトラベルに対する大きな需要は、ただひとつ継続することが確実視されているトレンドです。


「私たちは何をするのか」というページには、「私たちは真実のエクスクルーシビリティ

（独占的な高級さ）を求めます」というタイトルと共に3つの項目が掲げられている。

スペース：

プライベートアイランドから秘密の森まで。あなたの所有地やサービスが提供するのは、現実世界からの肉体と精神の両方の純粋な現実逃避です。

サステナビリティ：

人々と地球を守ることにコミットし、あなたの精神の核にエコロジーな原則をおきます。プライベートトラベルはしばしばサステナビリティに相対しますが、それによって平和的に共存できることは知ってのとおりです。

セクリュージョン（隔絶すること）：

思慮深さと混雑を避ける達人、プライバシーこそがあなたのスペシャリティです。

そして、深くパーソナルで際限のないサービスがスタンダードとなるのです。

多分に抽象的かつ観念的だが、いかにも新しいラグジュアリーを感じさせるキーワードが並ぶ。

Do Not Disturb はバイヤーと出展者が集い、クローズドな商談を行うラグジュアリートラベルの商談会という意味ではＩＬＴＭと共通する。

アフリカに特化したWe Are Africa、アジアに特化したFurther East、地元コミュニティとのかかわりから旅のかたちを変える試みを集めたPURE Life Experiences（第四章で紹介した意識高い系ラグジュアリーに近い）などを実施してきたイベント管理会社This is Beyond.が、それらの進化形としてスタートさせた。

ＩＬＴＭが12月にカンヌで開催されるのに対して、Do Not Disturbは、11月に南イタリアのプーリアで開催される。

プーリアはブーツ形をしたイタリア半島のかかと部分、アドリア海に面した州。州都はバーリで、円錐形の家（トゥルッリ）が建ち並ぶ世界遺産アルベロベッロが有名だ。

会場となるのは、古代ギリシャ・ローマ遺跡で知られるファザーノ近郊にある「ボルゴイグナシア」というラグジュアリーリゾートである。オリーブ林に囲まれた広大な敷地に「古き良きプーリアの大農園」をイメージした村が再現されている。

ＩＬＴＭの15分の1ほどの規模とはいえ、１４０余りの出展者と１４０余りのバイヤーとメディアが集うイベント会場ということで、全１１１室の規模があるが、ホテルルームのほか、ヴィラも含まれ、MICE（企業などの会議／Meeting、企業などの報奨・研修旅行／Incentive Travel、国際機関や団体が行う国際会議／Convention、展示会・見本市やイベント／Exhibition, Event の頭文字をとった造語でこれらのビジネスの総称）などや団体客に対応する大型ホテルとは一線を画する。

ILTMが開催されるカンヌは、カジノを併設し、カンヌ国際映画祭も開催される3万人収容のパレ・デ・フェスティバル・エ・デ・コングレがオープニングなどのメイン会場になる。

会場からして好対照で、旧型ラグジュアリーと新しいラグジュアリーの対比をわかりやすく象徴していた。

極地のラグジュアリー

Do Not Disturb の出展者には、まだ見ぬ新しいラグジュアリーの世界が展開されていて心躍った。なかでも目を引きつけられたのが「ホワイト・デザート（White Desert）」である。

それは、探検家が創業した南極大陸にある究極のラグジュアリーリゾートだった。

創業者でCEOのパトリック・ウッドヘッドは、2002年に最年少、最速で南極点に到達した記録を持つ。南極以外にもヒマラヤの登山、カヤックでのアマゾン川下りなどの探検を完遂。2015年にはグリーンランド横断の最速記録を打ち立てた。

創業のエピソードからして常識を逸脱している。南極大陸の真ん中で、雪嵐で閉じ込められ、4日にわたってビバークしていた時にアイディアが生まれたという。

「なぜ本当の南極を科学者や探検家しか見ることができないのだろう」

という問いかけが原点だった。

本物の南極とは何か。

それは南極大陸の内陸部のことである。

ラグジュアリーツーリズムにおいて、南極自体は、いわゆる「エクスペディション（探検）クルーズ」の人気の目的地だ。豪華な耐氷船のクルーズシップが相次いで就航しており、バスタブ付きの船室に滞在し、フランス料理のフルコースとシャンパンを楽しみながら南極クルーズが楽しめる時代である。南極は、なぜか日本人にもアフリカより人気があり、時期によっては、日本語スタッフの乗船するクルーズさえある。

だが、クルーズであるから、訪れるのは沿岸部に限られる。さらに大半のクルーズは、よりアクセスしやすい南極半島だけで、南極大陸までアプローチできるのは、フランスのラグジュアリークルーズ会社であるポナンが運航する砕氷船「ル・コマンダン・シャルコー」など限られている。

南極大陸の内陸部は、今もなお地球上で最も人が近づきにくい場所である。

ラグジュアリーにおいて「冒険」が求められているとふれたが、南極大陸の内陸部に行くことは、まさに究極の「冒険」であり、一生に一度の「体験」であり、これ以上はない、究極のラグジュアリーなのだ。

ホワイト・デザートのチャーターフライト　©White Desert

「White Desert」は、その南極大陸の内陸部に「Whichaway Camp（ウィチャウェイ・キャンプ）」「Echo Camp（エコー・キャンプ）」「Wolf's Fang Camp（ウルズファン・キャンプ）」の3つの宿泊施設を持っている。

地球上で最も隔絶された場所に建つ「ポッド」「テント」と呼ばれる宿泊棟は、別の惑星を彷彿とさせる周囲の風景とあいまって、宇宙基地を思わせる。もちろん環境への配慮も充分で、強い風や夏になると沈まない太陽からエネルギーを自給する。

アクセスは南アフリカのケープタウンからのチャーターフライトで、ウルズファンにある氷の上の滑走路に着陸する。

南極点まで到達する7泊8日のツアーで1人10万5000米ドル（約1533万円）。最も割安な南極大陸をフライトで往復する日帰りツアーで1人1万4500米ドル（約212万円）である。

料金的にも究極のラグジュアリーだ。

料金が高額になる理由は、南極大陸という隔絶された場所へのアクセスと滞在のインフラ整備に費用がかかるからである。

拠点となるのは、1930年にノルウェーの探検隊に発見され、ノルウェーのモード王妃の名前が冠されたエリアである。周辺にはドイツ、ロシア、南アフリカ、インドの基地があり、多くの科学者が研究に従事している。チャーター便の運航やその燃料輸送など、リゾート運営のためのインフラは、これらの基地の研究活動も支えているという。

ラグジュアリーツーリズムの創成が地球環境や生物多様性の調査研究に寄与するという話は、ホッキョクグマの聖地として知られるカナダのチャーチルでも聞いた。

チャーチルのホッキョクグマ観光は、「ツンドラバギー（後発の会社はポーラーローバー）」と呼ぶ特別仕様の四輪駆動車が誕生したことで始まった。安全に地球上最大級のクマに接近できるよう設計された、装甲車のようにゴツい大型の車両で、もともと写真家が考案したものだという。観光用に生まれたこの車両が、ホッキョクグマの生態や数を調査する研究にも活用されている。

ツンドラバギーは日帰りツアーで1日1人500カナダドル、ホッキョクグマの保護区にあるツンドラバギーを連結した宿泊施設に泊まる5泊6日で1人約1万カナダドル。南極ほどではないにしろ、まさにラグジュアリーツーリズムである。

現地の研究機関「ポーラーベア・インターナショナル」で、研究者の領域とも言える大自然に観光客が入る意味を尋ねた時の返事も印象的だった。

「温暖化で海が凍る時期が短くなり、ホッキョクグマの生活が脅かされている。そうした地球環境の変化は、実際にここに来て、ホッキョクグマを見ることで理解できる。その意味で観光は大事なのです」

これらの話を聞いて、私は観光が持つ社会的な役割について、あらためて考えた。

極地で展開される事例では、ラグジュアリートラベラーの存在は、地球環境に対して、決してネガティブではないかたちで寄与している。

だが、一般的にラグジュアリーツーリズムは、投資され消費される金額が大きいぶん、経済効果も大きいが、地元経済に還元されないことも多い。

その点を指摘するのが、「里山十帖」「松本十帖」など、地方で個性ある宿を展開する株式会社自遊人の創業者である岩佐十良氏だ。

「大資本、特に海外資本は還元先が投資家や経営陣ばかりです。少し範囲が広くても、支配人やシェフ、ごく一部のスタッフにリターンが集中してしまっています。それは、地域経済の食い逃げだと思います。荒らしているだけ。地域に寄り添って、魅力を伝えるふりをしながら、投資家に還元することを目的にしている宿泊施設やレストランが非常に多い」

地元経済には、観光に携わる人たちばかりでなく、地元の住民も含まれる。すなわちコミュニティということである。持続可能なコミュニティは、生物多様性などとあわせて、サステナブルな観光を支える重要な柱である。

この点に注目し、「ステークホルダーツーリズム」を提唱するのが、株式会社星野リゾートの星野佳路代表である。

「ステークホルダーツーリズムとは、ホテルや交通・旅行代理店といった観光産業だけでなく、旅行者、地域の生活・経済・環境を含め、観光のステークホルダーそれぞれが観光からフェアなリターンを感じることができるようなあり方に変えていこうという概念です。ステークホルダーツーリズムの特徴のひとつは、そこに訪れる観光客も含めている点です。今までは顧客の要望に応え、集客人数を最大化することが観光プロモーションの目的でしたが、ステークホルダーツーリズムにおいては、訪問者に対して地域の価値観を伝え、ルールを守っていただくことになります」

観光客が消費したお金を地域に還元することの重要性は、デネブの永原聡子代表も強調する。

その結果、地元の人たちの生活が良くなることが大切だという。

この考え方は、ラグジュアリーツーリズムに特化したものではないが、消費する金額が多く、意識も高いラグジュアリートラベラーにこそ、まずはアプローチするべきだろう。

地域の伝統と観光が共生する井波の Bed and Craft

最後に地元経済への還元が見事に成功した北陸の小さな町の挑戦を紹介したい。

富山県の井波《いなみ》（南砺《なんと》市の井波地区）という木彫刻で有名な町で、コラレアルチザンジャパンが運営するBed and Craftという古民家を活用した一棟貸しホテルだ。

創業者の山川智嗣氏は建築家、同じく建築家である妻のさつきさんと上海で出会い、帰国後、さつきさんの父が趣味で木彫刻をしていたことから井波を知り、移住した。

井波は、約8000人の人口に対し、なんと200人の木彫刻師がいる。漆や建具などの職人も多い、まさに職人の町。日本全国から木彫刻の注文が入る。だが、後継者の若い職人たちは、待ちの姿勢の販売スタイルに不安を覚えていた。

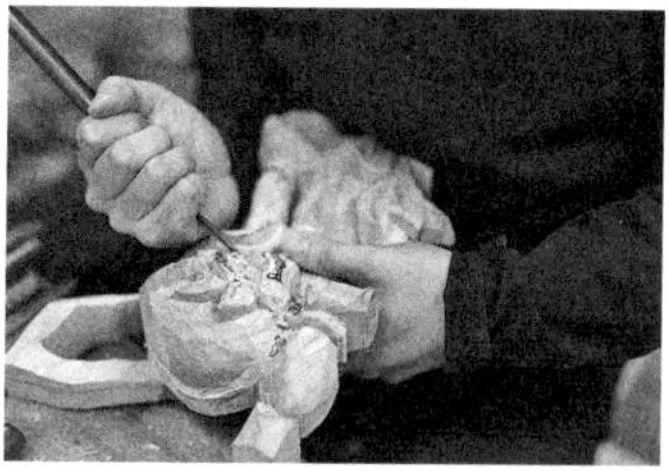
Bed and Craftの工房体験　©Bed and Craft

その悩みを受けて誕生したのが、宿と工房体験を組み合わせたBed and Craftだった。コンセプトは「職人に弟子入りできる宿」である。日本の伝統文化に本気で取り組めるユニークな試みは、知的好奇心のあるインバウンドの観光客を引きつけた。
ラグジュアリーツーリズムを志向した訳ではないが、「本物」をめざした結果、ラグジュアリートラベラーを満足させる宿になった。一棟ごとに地元の職人とコラボした古民家ホテルのクオリティは高く、価値のわかる旅行者は、適正な価格で作品を購入していく。

Bed and Craftの試みは、確実に地元の職人たちへ経済的に還元され、職人の町である井波の活性化につながっている。

今回、地震で被災した能登半島を含め、北陸は伝統工芸が盛んだ。今後の観光再生にもBed and Craftのプラットフォームは参考になるに違いない。

南極大陸の内陸部もアフリカで野生動物を見ることも日本の伝統工芸も「本物」が求められる点が、新しいラグジュアリーを志向するラグジュアリートラベラーのニーズに共通する。そこで価値ある「体験」をすることこそが、現代のラグジュアリーツーリズムなのである。

山口由美（やまぐちゆみ）

1962年、神奈川県箱根町生まれ。

富士屋ホテル創業者は曽祖父にあたる。慶應義塾大学法学部法律学科卒業後、海外旅行とホテルの業界紙誌のフリーランス記者を経て作家活動に入る。旅とホテルをテーマにノンフィクション、小説、紀行、エッセイ、評論など幅広い分野で執筆。大学での講演なども行っている。日本旅行作家協会会員。日本エコツーリズム協会会員。

主な著書に『日本旅館進化論　星野リゾートと挑戦者たち』（光文社）、『箱根富士屋ホテル物語』（小学館文庫）、『アマン伝説　アジアンリゾート誕生秘話』（光文社知恵の森文庫）、『勝てる民泊　ウィズコロナの一軒家宿』（新潮社）など多数。

世界《せかい》の富裕層《ふゆうそう》は旅《たび》に何《なに》を求《もと》めているか

「体験《たいけん》」が拓《ひら》くラグジュアリー観光《かんこう》

2024年4月30日初版1刷発行

著　者 ── 山口由美
発行者 ── 三宅貴久
装　幀 ── アラン・チャン
印刷所 ── 堀内印刷
製本所 ── 国宝社
発行所 ── 株式会社光文社
東京都文京区音羽1-16-6（〒112-8011）
https://www.kobunsha.com/
電　話 ── 編集部03（5395）8289　書籍販売部03（5395）8116
制作部03（5395）8125
メール ── sinsyo@kobunsha.com

ISBN 978-4-334-10294-4

1286
京大合格高校盛衰史
天才たちは「西」を目指した
小林哲夫
京大の「自負」と高校の「執念」。自由の校風と最先端研究を目指して繰り広げられた京大受験の歴史を、一九四九年以降の合格者数ランキングから徹底分析。東大ではダメなんだ！
978-4-334-10133-6

1287
台湾の本音
〝隣国〟を基礎から理解する
野嶋　剛
首都はどこ？　親日である理由は？　中国とはどういう関係？　日本で関心が高まるわりに、実情はよく知られていない台湾。そんな〝隣国〟の姿を6つの問いから詳らかにする。
978-4-334-10170-1

1288
白内障の罠
一生「よく見る」ための予防と治療
深作秀春
後悔しないために…日常生活や栄養面での留意点、手術法の歴史や最新治療について、世界的眼科外科医が徹底解説&警告！プロの画家でもある著者が「見るとは何か」から教えます。
978-4-334-10171-8

1289
ボロい東京
三浦展
錆、苔、扉、管、看板、郵便受け……。ボロいのに、いや、ボロいからこそ美しい。ありふれたようで失われつつあるボロい風景の数々を、十数年撮りためたスナップから厳選した写真集。
978-4-334-10172-5

1290
日本のクラシック音楽は歪んでいる
12の批判的考察
森本恭正
これまで日本で検証されてこなかった「真実」とは――。私たちは何を見逃し、聴き逃してきたのか。作曲家・指揮者が、二十年を超える思考の上に辿り着いて示す、西洋音楽の本質。
978-4-334-10196-1

1291

「生命の40億年」に何が起きたのか
生物・ゲノム・ヒトの謎を解く旅

林純一

40億年前に誕生し、姿形を変えながら現在まで連綿と命をつないできた生き物たち。その本質とは一体何なのか。常識を疑った先に広がる、ユニークな生き物たちの世界を描いた意欲作。

978-4-334-10197-8

1292

日本のヴァイオリニスト
弦楽器奏者の現在・過去・未来

本間ひろむ

日本におけるヴァイオリン受容史から、「歴史的名器」をめぐる逸話、新世代の弦楽器奏者まで、「楽器に選ばれし者」の物語。【日本のヴァイオリニスト・ディスコグラフィ30】付録付き。

978-4-334-10198-5

1293

在宅緩和ケア医が出会った「最期は自宅で」30の逝き方

髙橋浩一

どこで、どのように過ごし、最期の時を迎えるか。希望をどう叶えるか。在宅緩和ケアに取り組んできた医師が紹介する、患者との出会いから看取《みと》りまでの数々のストーリーから学ぶ。

978-4-334-10199-2

1294

スカウト目線の現代サッカー事情
イングランドで見た「ダイヤの原石」の探し方

田丸雄己

育成の進歩、移籍競争の激化、データでの目利きなど、サッカー界の最前線で起きていることを英国で活動する若きスカウトが分析するとともに、謎に包まれたスカウトの仕事を語る。

978-4-334-10221-0

1295

創作者の体感世界
南方熊楠から米津玄師まで

横道誠

天才たちの仕事を読み解く鍵は、発達障害に通じる特性が握っていた？　発達障害と診断された文学研究者が、自身の「感」と「知」で文献を渉猟。「障害」の意味を読み替える「当事者批評」実践の書。

978-4-334-10222-7

1296

大江健三郎論
怪物作家の「本当ノ事」

井上隆史

大江健三郎とは何者だったのか――。「奇妙な仕事」『万延元年のフットボール』『沖縄ノート』など、その作品世界を丹念に追うことで、いまだ明らかになっていない大江像を探る。

978-4-334-10223-4

1297

嫉妬論
民主社会に渦巻く情念を解剖する

山本圭

隣人が、同僚が、見知らぬ他人が羨ましい――。苦しく、みっともない感情にどうしてこうも振り回されるのか。人々を揺さぶる「厄介な感情」を政治思想の観点から多角的に考察。

978-4-334-10224-1

1298

漫画の未来
明日は我が身のデジタル・ディスラプション《破壊的変革》

小川悠介

スマホ向け漫画「ウェブトゥーン」の台頭に、絵を自動で描く「生成AI」の進化。デジタル時代に、漫画はどこへ向かうのか? 取材を重ねた記者が、経営・ビジネスの観点からその未来図を探る。

978-4-334-10225-8

1299

死なないノウハウ
独り身の「金欠」から「散骨」まで

雨宮処凛

失職、介護、病気など、「これから先」を考えると押し寄せる不安……。各界の専門家に取材し、役立つ社会保障制度などを紹介する、不安な人生をサバイブするための必須情報集!

978-4-334-10226-5

1300

〈共働き・共育て〉世代の本音
新しいキャリア観が社会を変える

本道敦子　山谷真名
和田みゆき

当事者インタビューで明らかになった、〈共働き・共育て〉を志向するミレニアル世代の本音、そして子育て中の男性の苦悩。当事者、そして企業が取るべき対策とは? 【解説・佐藤博樹】

978-4-334-10249-4

1301

子ども若者抑圧社会・日本
社会を変える民主主義とは何か

室橋祐貴

変化の激しい時代に旧来の価値観で政治が行われ、閉塞感が漂う日本。先進諸国で若い政治リーダーが台頭している中、なぜ日本だけ変われないのか？ 若者が参加できる民主主義を示す。

978-4-334-10250-0

1302

子どものこころは大人と育つ
アタッチメント理論とメンタライジング

篠原郁子

ボウルビィが提唱したアタッチメント（愛着）は、子どもにとって重要なすべての大人との間に形成されうる。心で心を思う《メンタライジング》ことをベースに、アタッチメント理論をわかりやすく解説する。

978-4-334-10251-7

1303

頭上運搬を追って
失われゆく身体技法

三砂ちづる

今の日本では失われつつある身体技法「頭上運搬」。沖縄や伊豆諸島ほか日本各地や海外にその記憶と痕跡を訪ねる。生活や労働を支えた身体技法と、自らの身体への理解や意識を考察。

978-4-334-10252-4

1304

定点写真で見る　東京今昔

鷹野晃

江戸・明治・大正・昭和――。東京はいかに変貌したのか。東京を撮り続けて40年の写真家が、「定点写真」という手法を用いて破壊と創造の首都を徹底比較。写真451点収録！

978-4-334-10253-1

1305

バッタを倒すぜ　アフリカで

前野　ウルド　浩太郎

世界中を飛び回り、13年にわたって重ねてきたフィールドワークと実験は、バッタの大発生を防ぐ可能性を持っていた！ 新書大賞受賞、25万部突破の『バッタを倒しにアフリカへ』続編。

978-4-334-10290-6

1306
中日ドラゴンズが優勝できなくても愛される理由
喜瀬雅則

2年連続最下位でも視聴率と観客動員は好調。なぜ順位と人気は相関しないのか？　優勝の可能性は？　立浪監督はじめ多くのOBや関係者への取材を基にしたドラゴンズ論の決定版。

978-4-334-10291-3

1307
ダーウィンの進化論はどこまで正しいのか？
進化の仕組みを基礎から学ぶ
河田雅圭

『種の起源』刊行から一五〇年以上がたった今、人類は進化の仕組みをどれほど明らかにしてきたのか。世に流布する進化の誤解も解きほぐしながら、進化学の最前線を丁寧に解説する。

978-4-334-10292-0

1308
中高生のための「探究学習」入門
テーマ探しから評価まで
中田亨

仮説を持て、さらば与えられん！　アイデアの生み出し方、調査や実験の進め方、結果のまとめと成果発信、安全や倫理等を具体的にガイド。研究者の卵や大人にも探究の面白さを伝える。

978-4-334-10293-7

1309
世界の富裕層は旅に何を求めているか
「体験」が拓くラグジュアリー観光
山口由美

旅に大金を投じる世界の富裕層が求めるものは？　彼らの旅のスタンダードとは？　近年のラグジュアリー観光を概観し、安心や快適さではない、彼らが求める「本物の体験」を描き出す。

978-4-334-10294-4

1310
生き延びるために芸術は必要か
森村泰昌

歴史的な名画に扮したセルフポートレイト作品で知られ、「私」の意味を追求してきた美術家モリムラが、「芸術」を手がかりに「生き延びること」について綴ったM式・人生論ノート。

978-4-334-10295-1